【行政院客家委員會補助出版】

大家來唱勸世文（客語研究）

楊寶蓮　著　古國順　審訂

【推薦序】

臺北市立教育大學　古國順教授

孩提時，鄰居有一臺手搖蓄音機和許多唱片，經常跑過去磨唱針、放唱片，唱片裡大多是東洋歌，但是我最喜歡的是聽得懂的客語歌曲，幾乎每到必放，百聽不厭。雖然他們在光復後幾年就搬去後山，無緣再聽到，但是事隔多年，依稀還記得其中有「半天打鷯婆」一句棚頭，還有「一來奉勸後生人」這種勸世文和它的唱腔，大家都說那是【蘇萬松調】，它最特殊的地方是拖腔都用「ni」發音，聽起來倍感悲戚。後來看戲、看賣藥，才漸漸知道有【平板】和其他腔調，都是很能吸引人潮的說唱表演。

從前，我父執輩經常去鸞堂，有時是去看飛鸞降筆，有時是去聽人「講善」。我跟過幾回，看過鸞生降筆，卻沒有耐心在那裡聽善。所謂講善，通常要根據善書，從字面來看，善書是教人行善去惡的書，而勸世文也是勸人行善去惡之文，兩者在本質上似乎沒有兩樣，但仔細思索，也有許多不同之處：

一、形式上，善書是經典化的書，具有一定的體例，勸世文則比較自由。

二、內容上，善書具有因果報應或感應陰騭的宗教意識，勸世文比較接近庶民生活。

三、手段上，善書以宣講為主，勸世文則以歌唱為主。

四、功能上，善書以教化為目的，勸世文則以娛樂為目的。

五、宣講人的身分，善書通常由具有宗教身分的人士來宣講，勸世文則由藝人來表演。

六、施用場地，善書通常在廟堂或講壇，勸世文則在街頭、廟坪或戲臺。

這樣看來，勸世文雖然也可視為一種善書，但是由於它形式自由化、內容生活化，具有歌唱性、娛樂性，而且表演者和表演場地都有自己的特色，用來調劑生活的味道非常濃厚。

寶蓮女史多年來致力於客語說唱藝術研究及教學推廣，用力甚勤，其碩士論文《臺

灣客語說唱》由新竹縣文化局出版以來，頗受好評；接著又以論文《臺灣客語勸世文之研究－以〈娘親渡子〉為例》，於2011年六月完成博士學位，她把撰寫兩篇論文時所蒐集的資料，不敢自珍，擇取較重要的內容集結成書，題名為《大家來唱勸世文》，以供有志者參考研究或收藏。這種尊重學術的精神，值得嘉許，因以為序。

【推薦序】

國立臺灣戲曲學院　鄭榮興教授

　　臺灣客家說唱勸世文內容繁多，有些是從大陸原鄉帶來，有些則是本地庶民集體創作，或某人編作的。

　　目前臺灣客家戲曲的研究者，一致公認何阿文是將大陸客家三腳採茶戲帶到臺灣的祖師爺，同時他也帶來豐富的勸世文資料。他的大弟子徐阿任就曾留下一批當年學藝的手稿。桃園八德人何阿信因為喜聽樂聞勸世文，故也抄錄一批勸世文資料，和徐氏的資料多有雷同之處。後期的，無論是嘉義和源活版所、新竹竹林書局、「中原苗友雜誌」出版的勸世文，或者是美樂、鈴鈴、遠東唱片藝人所唱的勸世詩文，有許多是出自徐氏、何氏的內容。故徐氏、何氏的勸世文手稿是臺灣客家說唱勸世文的重要源頭。

　　日治時期（1895-1945）至七〇年代，臺灣客家藝人和仕紳也曾加入「善書運動」中，如蘇萬松、邱阿專、賴碧霞、黃連添等不但編作勸世文，而且親自灌錄唱片。蘇萬松被稱為說唱勸世文的大師，他用小提琴自拉自唱，以特殊的【蘇萬松調】來說唱勸世詩文，轟動整個客家聚落。他留下大約二十張的勸世文唱片，無論是數量或是曲藝，客家說唱藝人至今無人能超越他。

　　一般的平民也淹沒於「善書運動」中，除了傳抄勸世文外，還買勸世文唱片。這時期出版戲曲音樂、勸世文的唱片行，大都有不錯的業績，如日治時期的改良鷹標、古倫美亞、黑利家，戰後的美樂、鈴鈴、遠東、月球、惠美等，都曾傲世當代。除此之外，民眾更不忘每天收聽先聲桃園臺、臺聲新竹臺、天聲新竹臺、中廣竹南臺、天聲竹南臺、新埔大中華、中廣苗栗臺、臺聲苗栗臺等客家廣播電臺的節目。

　　女棣寶蓮從碩士時期開始即從余研習客家戲曲，尤其對客家說唱有獨到見解。本書乃是她就讀碩士、博士期間田野調查所得的資料，今天能集結成冊，除了可提供給向隅者研究之外，亦可作為語文朗讀教材。期許她在學術上更進一步，為我客族增添光采。

【出版序】

　　袁嘯波《民間勸善書》認為：「勸善書」就是宣說倫理道德、以勸人為善為宗旨的書籍，古時候稱作「善書」。善書起源何時，難以考訂，而《孝經》可視為儒家善書的鼻祖。秦漢以後，這類作品越來越多，但絕大部分都散失。在敦煌文獻中，曾保留了部分晚唐五代時期勸善性質的作品殘篇，如《太公家訓》、《古賢集》，現存最早、最完整的著名善書是宋代的《太上感應篇》。但是真正以因果報應的說教宣傳倫理道德、勸人從善去惡為企圖的通俗化書籍，大量出現應該是在宋、明、清三代。

　　自勸善書在宋代產生以來，上至帝王嬪妃、達官顯宦、文人學士，下至鄉紳、民間藝人和黎民百姓都參與了善書的制作、推廣、閱讀、講唱和欣賞。在儒、釋、道三教以及明清時代的諸多民間宗教裡均產生大量勸善書籍，酒井忠夫《中國善書の研究》、包筠雅《功過格‧明清社會的道德秩序》將這場幾乎全民參與的勸善潮流稱為「善書運動」，直到二十世紀五〇年代以後才漸趨消弱。

　　臺灣客家人在這場「善書運動」中曾經熱心地參與過，於是產生了許多勸世文抄本、刊本及唱本，是客家俗文學的重要成分之一，但是並未受到學者的重視。此書是筆者在撰寫碩士、博士論文時所蒐集的資料，因為資料廣泛，故先擇取較重要的內容集結成書，一方面作為教學輔助教材，一方面亦期許能拋磚引玉。

　　本書分成兩部份：甲為抄本及刊本，共三十首，是純粹田野調查所得的素材；乙是唱本，共二十首，是筆者從美樂、鈴鈴、遠東唱片中的有聲資料，經筆者紀錄、分析曲腔所得的說唱本。篇目的安排主要是同一作者的資料彙集在一起。

　　為了區別起見，凡是以〈〉則代表一首唱詞、單篇文章；《》則代表集結成冊的書籍；【】代表曲腔；（）代表筆者建議用字；〔〕內的文字代表增字或拖腔；囗代表無法用電腦顯現出來或唱片聽不清的客語用字。標音採用臺灣客語拼方案的四縣腔，注釋主要參考教育部的臺灣客家語常用詞辭典內容。又為了要讓讀者對內容有進一步的了解，每篇有一「導讀」，不但讀者可延伸閱讀，而且對藝人及其作品能有更深的了解。

　　根據肖群忠《中國孝文化》的研究：在中華民族優良傳統道德中，「孝」佔有特殊的地位，「它在一定時期內，有力維護著中華民族的和諧發展，凝聚著以血緣為紐帶的宗法氏族關係，為維繫家庭團結和保持社會穩定起著特殊重要的作用。」孔子是儒家孝

道理論的鼻祖；曾子集其大成；後經孟、荀的繼承發展，《孝經》一書即是儒家孝道理論創造的成品。漢朝開始以孝治天下；魏、晉、隋、唐對孝文化有崇尚、有變異；到了宋、元、明、清已是達到登峰造極的地步。「孝」也是中國傳統倫理的元德。能做行孝的人，也必能謹守「三綱」、「五常」。客家人自古流傳的家訓：「一等人忠臣孝子。」故客語勸世文對客家人傳統美德的養成教育是有其重要貢獻。

目次

乙：勸世文唱本

甲

勸世文抄本及刊本

1.
徐阿任抄本〈十勸朋友〉

導 讀

筆者曾拜訪四〇年代的三腳藝人徐兆禎（1936－），他目前住在新竹縣橫山鄉，其父親為徐阿任（1893-1944），父子兩人早期以打八音、採茶為生。其家傳如下：

徐阿任和黃阿朋、阿秋旦為同門師兄弟，早期是拜師阿文丑（1858-1921）和阿容旦，後期拜陳石華為師。所謂阿文丑就是鄭師榮興、范揚坤等學者公認臺灣三腳戲[1]的祖師爺。徐兆禎因為父親早逝，主要是向哥哥徐兆華學採茶，後期又請阿浪旦（1899-1965）和葉步雪來教。一直到民國四十一年元月還出來演出。

這本徐家家傳手抄本大約抄錄於1910年左右，由徐阿任抄錄阿文丑、阿容旦、陳石華演出的內容，包括三腳戲、亂彈、八音、山歌、勸世文等四本。是筆者所見最早的客家手抄本，其中勸世文的曲目如下：

（1）十勸郎歌　頁87-89

（2）十勸姐歌　頁89-92

（3）想無妻歌　頁96-97

（4）一想招親歌　頁107-110

（5）十勸朋友　頁120-121

---

1 客家三腳採茶戲是發源於明末清初贛南的歌舞小戲，清光緒已在臺灣出現，主要由一丑二旦搬演張三郎賣茶的故事。故事主要包括十個小戲群，曾永義把它稱為「串戲十齣」：前七齣為《上山採茶》、《勸郎賣茶》、《送郎挷傘尾》、《糶酒》、《勸郎怪姐》、《茶郎回家》、《盤茶盤賭》，後三齣為《問卜》、《桃花過渡》、《送金釵》。有關客家三腳採茶戲可參考徐進堯：《客家三腳採茶戲的研究》（臺北：育英出版社，1984年）、陳雨璋：《台灣客家三腳戲－賣茶郎之研究》（臺北：師大音樂研究所碩士論文，1985年）、徐進堯、謝一如：《台灣客家三腳採茶戲與客家採茶大戲》（新竹：新竹縣文化局，2002年4月初版）、鄭榮興：《台灣客家三腳採茶戲研究》（苗栗：慶美園文教基金會，2001年2月）、鄭榮興：《三腳採茶唱客音‧傳統客家三腳採茶串戲十齣》（宜蘭：國立傳統藝術中心，2007年6月）。

圖1：楊寶蓮訪問徐兆禎（中）

圖2：徐兆禎表演藝術傳承表

徐阿任抄本中有許多以「十」為聯章的勸世文，其淵源可追溯到敦煌的〈十恩德〉以及大陸原鄉的「香花詞文」。所謂「香花」是大陸梅州客家佛教度亡儀式的代稱，普遍流行梅縣、蕉嶺、興寧、大埔等地，是梅州客家喪葬禮儀中的重要組成成分。「香花文本，彙集了中國傳統中的歷史風物、傳說典故，以及流行於閩、粵、贛三省的民間勸善書、地方說唱文學，用通俗的教化，把傳統倫

圖3：採茶藝人阿浪旦
　　（本名吳乾應、吳錦浪）

理道德與宗教義理結合起來，以彰顯出宗教安撫無助、道德維繫人生的意義。而香花儀式，則綜合了唱念做打、講說誦白，以及諸多非文字形態的民眾藝術，並結合地方社會中廣為流行的喪葬儀軌。」香花詞文中的〈十嘆〉、〈十月懷胎〉、〈十嘆二式〉、〈十哀兮〉、〈十別〉，都是此種形式。此唱本主旨在奉勸朋友：不可好色，要顧家，並且要孝順雙親。

內 文

一勸朋友解勸尔（你），世上風流尔（你）愛知，己（幾）多風流無了日，囑咐阿哥愛討妻。

二勸朋友愛故（顧）家，莫來串（賺）錢乱（亂）開花，無痛無病無打景（緊），一下病痛正知差。

三勸朋友愛精神，爺娘面前愛分明，只愛風流想愛走，總愛夫妻萬年人。

四勸朋友愛分明，賺（賺）有錢銀愛在身，錢銀兩事不勤儉，日後老來難得尋！

五勸朋友莫連花，不可風流做幹他，後生風流無打景（緊），老來轉想正知差。

六勸朋友來題詩，囑咐朋友愛轉裡（哩），風流兩事無了日，也（野）花唔（毋）當親嬌妻。

七勸朋友愛听（聽）真，哥愛轉去看母親，風流兩事捨不得，日後老來難收兵[2]。

八勸朋友莫幹（恁）痴，各人有事各人知，莫來全（同）妹幹（恁）相好，丟別老娘上（傷）天裡（理）。

九勸朋友愛聰明，少年不知老年人，敬奉爺娘敬天地，不孝爺娘不容情。

2　收兵：音 su↗ bin↗，原指戰敗鳴金撤兵，引申為收拾殘局。

十勸朋友敬爺娘，轉來家中好春光，流花落水無了日，總愛夫妻正久長。

【抄本終】

2.
徐阿任抄本〈十想勸小姐〉

導 讀

此唱本是一七言聯章形式，勸誡年輕小姐要行為端莊，不要貪戀外面的花花世界，或聽從野男人的嗾使。最後三章更以梁四珍、孟日紅、張玉英等貞女的故事勸勉諸位小姐。1970 年，新竹竹林書局曾出版〈十勸姊〉，讀者可對照參考。

內 文

一勸小姐真不仁，當初死死愛嫁人，各人有夫各人个，莫來貪心想別人。

二勸小姐真可令（憐），幹（恁）好丈夫尔（妳）不從，後生時節無打景（緊），老裡（哩）尔（妳）愛轉家中。

三勸小姐尔（妳）愛知，將把言語解勸尔（妳），少年時節無轉想，老裡（哩）無人成（承）壽（受）尔（妳）。

四勸小姐因少年，又想風流愛串（賺）錢，有時有日時運敗，莫然言語喊命歪。

五勸小姐愛在家，轉去家中享榮華，勸尔（妳）幹（恁）多尔（妳）不信，日後老裡（哩）正知差。

六勸小姐好人才，家中男女嫐（尞）[1]過來，可比牡丹借樹開，那有夕夕少年才？

---

1 嫐（尞）：音 liau，指聊天。

七勸小姐莫風流，轉去從夫百年有，少年時節唔（毋）轉想，別人看顧也閒情！

八勸小姐梁四珍[2]，轉去立志做成人，當初落難変（變）羅漢，日後得中狀元身。

九勸小姐日紅[3]身，対（對）在丈夫高顏真，梁相顏真為閣老，誰舍（捨）親夫姓高人？

十勸小姐張玉英，愿（願）対（對）小生白筆陳[4]，百万（萬）家才（財）王進士，唔（毋）當羅漢白筆陳。

【抄本終】

2　《梁四珍與趙玉麟》為閩西有名的五句板說唱，後改編成山歌劇。四珍自幼與玉麟訂親，後玉麟家道中落，梁父悔婚，四珍執意嫁予玉麟。四珍賣柴助夫上京赴考。三位姐姐對四珍百般數落，嘲笑她若是玉麟得中狀元，姐夫們願替玉麟扛轎，姐姐們願當她的婢女。

梁父大壽日，梁父對四珍也百般羞辱，這時，玉麟已是中狀元回府，但卻喬裝乞丐至梁府賣唱，並勸四珍改嫁，梁父命家丁趕玉麟，最後大伙才知實情。梁父、姐姐後悔當初的勢利，玉麟和四珍後來生了九子，個個登科，名留歷史。

3　《孟日紅》原為二十四孝故事之一，是一潮汕方言俗曲唱本，曾改編為儋州山歌劇，湖南花鼓戲、黃梅戲。孟日紅配夫高顏真，家境清苦。顏真終日埋頭攻讀，日紅擔起一切家計，並當掉所有嫁妝，助夫上京趕考。顏真離家數載，音信全無，高母積勞成疾，因家貧如洗，日紅只好割股餵母。六〇年代，臺灣說唱藝人邱阿專等曾錄製採茶戲《孟日紅》。

4　1925年，黃塗活版所曾出版《陳白筆歌》上、下本。1933年，瑞成書局曾出版《忠孝節義文武狀元歌》上、中、下本。1921年，會文堂亦曾出版《最新文武狀元陳白筆新歌》上、下本。鄭怡方：《臺灣客家傳仔・陳白筆之研究》（屏東：屏東科技大學客家文化產業研究所碩士論文，2008）亦曾做過研究。內容大同小異，主角為陳白筆，與張家千金玉英有婚約。白筆進京趕考獲得狀元，徐相爺見其才貌，想招為女婿，卻遭婉拒，相爺遂向皇帝告狀，但是白筆不肯娶妻，遭皇帝下令斬首，幸得朝中大臣力保方逃死劫。相爺假造番國造反，陷害白筆帶兵防禦，白筆遂以文官身份帶兵上戰場。太白金星化身老人贈其神仙水，弱兵喝了變得神勇，但相爺卻稱白筆以妖術意圖造反。白筆知道被陷害，想自殺，被太白金星救到女兒國，女王與全國上下都願當他妻妾，但白筆不從而將遭女王斬首之際，太白金星又將他吹到孤島。白筆寫了血書託鴻雁傳遞家書，母親見血書甚難過，將血書交給玉英。但事情一波三折，玉英被王生發現其美貌，找來韓婆說媒。玉英之母被韓婆所騙，將女兒許配王生，玉英堅決反對。

太白金星知悉，化作算命先生幫王生算姻緣，告訴他與玉英八字十分不合，王生則不信。玉英無奈，寫遺書給弟弟，準備投江自殺。幸有南海觀世音保其性命，讓尼姑將她救起。白筆於三年劫難完畢，受七位仙姑教他武功，易名白筆陳進京趕考，考取武狀元。後來，皇帝得知東番要發兵中原，命白筆討敵。大獲全勝，皇帝賜其升官，眾臣皆來祝賀，白筆看到徐相，怒火沖天，說出自己真實身份與冤屈，皇帝處死相爺，抄其全家。白筆向皇帝請求返鄉一年，途中與玉英重逢，帶她回家團聚，日後還生了五個兒子，皆高中狀元。（參考國立臺灣大學深化臺灣研究核心典藏數位化計畫資料）

3.
徐阿任抄本〈說恩情〉

導 讀

　　這是七言四句的歌謠，內容以《增廣昔時賢文》為基調，以月令聯章體方式來勸勉世人，這是頗具特殊風格的勸世文。《增廣昔時賢文》是明、清以來私塾普遍流行的啟蒙教材，不管閩、客，學子皆能琅琅上口。

　　〈說恩情〉在臺灣客家流傳久遠，讀者可參考楊寶蓮〈客語說唱說恩情初探〉。

　　日治時期的美樂唱片（BIRAKU）T-146-147，梁阿才曾獨唱〈說恩情（一～四）〉；1968年1月美樂唱片，編號為HL-375B面，也有邱帶妹唱的〈說恩情〉；由施宗仁、鄭榮興製作的《華夏之音・第十三集・客家人的聲音》，收錄有陳秋玉獨唱之〈說恩情〉；2002年10月，由鄭榮興製作的《傳統客家歌謠及音樂－採茶腔（平板）系列》收錄有林春榮、陳秋玉【平板】男女對唱的〈說恩情〉。由此可見〈說恩情〉受客籍人士的重視，讀者亦可多方蒐羅聆聽。

內 文

　　正月喊妹說恩情，妹個（个）面容畫不成，老虎畫皮難畫骨，知人知面不知心。

　　二月喊妹說恩情，郎買人使[1]送情人，哥說錢財如糞土，妹說仁義值千金。

　　三月喊妹說恩情，開瓶酒子送情人，不信但看盃中酒，盃盃先敬有錢人。

　　四月喊妹說恩情，門前柳樹好遮陰，有心採花花不發，無心插花柳成陰。

1　人使：音ngin˘ sii、，丫環。

五月喊妹說恩情，衫爛無人補一針，馬行無力皆因瘦，人不風流只為貧。

六月喊妹說恩情，門前鄰舍說[2]他人，誰人後背無人說，哪个（個）人前不說人？

七月喊妹說恩情，三妹住在半山林，貧住外洋無人識，富在深山有遠親。

八月喊妹說恩情，好个（個）中秋月不明，古人不見金（今）時月，今月曾近（經）照古人。

九月喊妹說恩情，好个（個）黃河水不明，哥說成人[3]不自在，妹說自在不成人。

十月喊妹說恩情，解勸大家耕作人，一年收冬刈（割）來好，係來勤儉百姓人。

十一月喊妹說恩情，霜雪霏霏冷死人，易漲易退山溪水，一反一復（覆）小人心。

十二月喊妹說恩情，交朋接友要小心，千遠路頭知馬力，誰知事久見人心。

【抄本終】

2　說：音 sod ˋ，稱讚。

3　成人：音 siinˇ nginˇ，像話、成材。

4.
徐阿任抄本〈十劝（勸）涯（𠊎）郎〉

導 讀

此乃七言四句的聯章體，是妻子勸誡丈夫不要風流、嫖賭的歌謠。

內 文

一劝（勸）涯（𠊎）郎万（萬）事休，風流兩事無愛去，風流不比長江水，斷（斷）情切義結冤仇。

二劝（勸）涯（𠊎）郎笑邪邪[1]，囑咐涯（𠊎）哥莫貪花，漂（嫖）賭貪花無了日[2]，損丁破才（財）了身家。

三劝（勸）涯（𠊎）郎愛精神，風流兩事無愛尋，錢銀多少完（還）靠（較）得，日后台（抬）头（頭）見一人。

四劝（勸）涯（𠊎）郎實在精，出屋切莫撩弄人，生死閻王命注定，不过（過）黄河不死人。

五劝（勸）涯（𠊎）郎好收馬[3]，莫來做歪心幹（恁）也（野），後生叫（叫）哥心肝肉，老來無双（雙）正知差。

1　笑邪邪：音 seu ia ∕ ia ∕，非常開心地笑。
2　無了日：音 mo ˇ liau ˋ ngid ˋ，沒完沒了，沒有終結的時候。
3　收馬：音 su ∕ ma ∕，轉圜、調解、收拾。和「收兵」意近。

六劝（勸）涯（倱）郎在門前，涯（倱）郎收心趕少年，後生串（賺）錢不（毋）知想，老裡（哩）知想难（難）了难（難）。

七劝（勸）涯（倱）郎去千里，後生串（賺）錢不愛妻，後生之時毋知想，日後無妻尔（你）正知。

八劝（勸）涯（倱）郎轉門前，父母妻子出來迎，千日有妻千日好，一旦無妻正艱难（難）。

九劝（勸）涯（倱）郎好收心，各人歸家見母親，嫖賭之人人心惡，只愛黃金不愛人。

十劝（勸）涯（倱）郎實在華，唔（毋）識粗言來罵涯（倱），若係阿哥無妻子，年轉五節妹令胒[4]。

【抄本終】

4　令胒：筆者徧查各種資料，不知何音何義。

5.
徐阿任抄本〈十想渡子歌〉

導 讀

　　此乃七言四句的聯章體歌謠，主旨在說明母親渡子的辛勞，並藉著《姜安送米》的孝行，鼓勵世人要感恩圖報。1934年，嘉義和源活版所有出版〈十想渡子歌〉歌仔冊。新竹的竹林書局也先後於1934、1956、1971、1987出版過〈十想渡子歌〉。在楊寶蓮博士論文《臺灣客語勸世文之研究－以〈娘親渡子〉為例》的第三章〈娘親渡子的形成與流播〉就曾蒐集了13個異本，讀者可作為參考。

　　〈十想渡子歌〉是〈娘親渡子〉的源頭之一，它們的總源頭又和敦煌民歌〈十恩德〉、〈十月懷胎〉以及二十四孝有關。讀者可進一步研讀《臺灣客語勸世文之研究－以〈娘親渡子〉為例》。

內 文

　　一想渡子大功成（工神），不（毋）成食來不（毋）成眠，閑（還）細頭燒額又痛，凄凄（吱吱）唧唧燥死人。

　　二想渡子實在難，肚飢想食手無閑，心肝想食子又叫（噭），正知渡子幹（恁）間（艱）難。

　　三想渡子正間（艱）辛，愛知爺娘个恩情，一夜睡無半夜目，不（毋）得子大好安身。

　　四想渡子苦難當，屎尿冷過雪如霜，子無睡來娘無睡，一夜不（毋）得一夜光。

五想渡子你愛知，已（幾）多辛苦渡大你，長大成人無孝順，無採爺娘个心機。

六想渡子無奈何，恐驚渡大無功勞，自已完（還）愛生男女，愛知爺娘幹（恁）氷（奔）波。

七想渡子苦難當，爺娘恩義不可亡（忘），愛想當初姜安[1]子，七歲送米到庵堂。

八想渡子真可憐，做人子女愛孝心，愛想日后春光日，就愛眼前孝雙親。

九想渡子久久長，爺娘功勞不可忘，自己爺娘不敬奉，不孝之人罪難當。

十想渡子聽言因，造出詩書勸世人，書中勸人行孝順，家中和氣斗量金。

【抄本終】

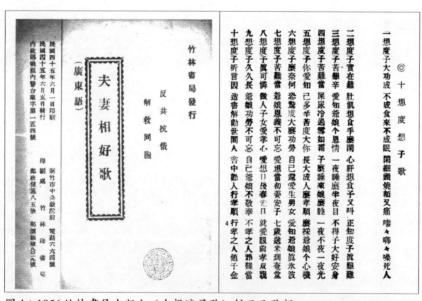

圖4：1956竹林書局出版之＜十想渡子歌＞封面及歌詞

---

1 東漢時，姜詩品高行佳，深得縣名人龐盛的賞識，將女兒三春許配給他，並向朝庭舉薦。不久，皇上下詔，任命姜詩為江陽縣令。姜詩上任後，愛民如子，為政清謙。幾年後，父親病故，姜詩夫婦侍奉母親愈加勤勉。後來，龐三春生下了一個男孩，小名安安。但因家裏經濟拮据，婆媳矛盾尖銳，逼著姜詩休妻。安安放學回家得知母親被休，痛哭流涕，朝思暮想。鄰居告知其母遷居在白衣庵。安安想去看媽媽，又覺得媽媽生活清苦，便決定給媽媽送米。安安每天都要帶米在老師家寄吃一頓午飯，上學途中，路過土地廟，安安就抓一把米，放入口袋，磕個頭，藏在土地爺爺背後。幾個月後，安安看米存得不少了，就偷偷地帶著米到白衣庵看媽媽。

6.
徐阿任抄本〈十想家貧歌〉

導 讀

　　昔日的農業社會，謀生不易，所以有許多人三餐不繼，往往要向親朋好友借貸，受盡人間的冷暖。此首歌也是七言四句的十個聯章體，勸勉貧者切莫失志，只要打拼，就會有出人頭地的一天。1934 年，嘉義和源活版所有出版〈十想家貧〉歌仔冊，讀者可對照欣賞。

內 文

　　一想家貧要立心，不貪不取做成人，想起家貧多受苦，泪（目）滓（汁）流下兩三斤。

　　二想家貧真寒酸，朋友兄弟無來往，鍋（鑊）頭洗淨無米放，無個妻子煮三餐。

　　三想家貧苦過來，同人轉借人胎（推）開，睡到三更思想起，自想自解泪（目）汁來。

　　四想家貧真寒酸，貧窮之人心愛專，採人也（野）花無了日，自己埔（餔）娘正燒暖。

　　五想家貧苦到凶，上家下屋借不通，火子燒着無米放，心肝想到會失魂。

　　六想家貧涯（偃）真愁，長豆（透）勿（慍）卒（悴）在心頭，朝辰（晨）串（賺）有三筒米　恰似雲開見日頭。

七想家貧涯（𠊎）看驚，心中愁切不（毋）敢聲，三鬖（餐）食个仙（鮮）梅（糜）粥，想起真來實在難。

八想家貧涯（𠊎）看真，總愛自己來立心，自己協力來去做，黃泥也會變成金。

九想家貧莫驚勞，認真趁（賺）錢娶老婆，各人算子各人打，滿（麼）人來教涯（𠊎）己（幾）多。

十想家貧愛殺（煞）猛[1]，勤儉長錢[2]也無難，各人立志來去做，也會發財出頭天。

【抄本終】

1　煞猛：音 sadˋ mangˊ，努力、勤奮。

2　長錢：音 diongˇ qienˇ，剩餘錢、儲蓄。

7.

徐阿任抄本〈阿（鴉）片烟歌〉

導 讀

　　清朝末年，英國大量輸入鴉片至中國，不但賺走大清帝國許多銀子，而且使得中國國民吸食鴉片者，幾乎個個落得傾家蕩產，孱弱不堪。

　　此唱本是七言四句的聯章體。前二十章，首敘鴉片鬼吸食鴉片時快樂似神仙的模樣；次說鴉片鬼吸食鴉片一段時間後，身體變差，無心工作，家財耗盡的窘境。後一十一章，首敘鴉片鬼聽了妻子的勸誡之後，勃然省悟，發憤圖強，上京考試，居然得了狀元；次說狀元郎衣錦還鄉，親朋好友笑口相迎，祭拜祖先，一家和樂融融；最後以英雄不怕出身低，翻身又是一條龍，勸勉抽鴉片的人作結。

　　這是一首相當長篇的勸世文，具有其時代背景與特殊意義。黃榮洛〈介紹幾首客家山歌詩詞〉收錄在1994年4月《客家雜誌》第47期第32頁的〈紅毛番歌〉即是此內容，不過稍有出入。

內 文

　　一想長山紅毛番[1]，紅毛番子真不癲，有錢都愛登金榜，何能造出阿（鴉）片烟。

　　二想阿（鴉）片真出奇[2]，埔（鋪）娘男婦（夫）來問你，百姓都知大藥草，必定烟鬼纏等裡（哩）。

　　三想食烟真可連（憐），一日三餐愛了錢，家中有錢完（還）過得，擔柴賣木斷火

1　紅毛番：音 fung⊻ mo⊻ fan⊻，指荷蘭人。
2　真出奇：音 ziin⊻ cud⊻ ki⊻，很奇特。

烟。

四想食烟食烟差，食（實）在清課[3]窮苦沙（儕）[4]，一日三餐點燈火，冷笑祿天被符（舖）下。

五想食烟愛精神，烟糕（膏）[5]愛食食烟清，校斗[6]算來熱過火，童（同）虎相交食歪人。

六想食烟真清涼，手扛托盤上眠床，手扛烟斗腳救（跑）起，可比奔（分）仙點斗皇[7]。

七想食烟切莫惹，食烟之人了身家，一日三餐愛食肉，烟癮[8]一過檳榔茶。

八想食烟面皮黃，手酸腳懶上眠床，十指尖尖如羌（薑）笋（筍），腳踏花鞋秀（繡）鴛鴦。

十想食烟真不祥，麼（無）錢食烟打埔（餔）娘，開手丈夫烟癮大，你今後生著去串（賺）。

十想食烟就著驚，翻身轉眠就入間，就入間房拿衫褲，連亡（忙）打伴街上行。

十一想食烟心事王，無錢假病上眠床，聽知埔（餔）娘買烟轉，連忙翻身看一場。

3　清課：音 qin˙ ko，清寒。

4　窮苦儕：音 kiung˘ kuˋ sa˘，窮苦的人。

5　煙膏：音 ien˙ gau˙，生鴉片熬成的膏。

6　校斗：音 gauˋ deuˋ，即是指鴉片。因為製造鴉片的材料罌粟，其殼又稱米殼、禦米殼、粟殼、鴉片煙果果、大煙葫蘆、煙斗斗等。

7　點斗皇：音 diamˋ deuˋ fong˘，指魁星。魁星，又名魁星爺、大魁夫子、大魁星君，為讀書士子的守護神。傳說魁星是文運之神，乃天上的文曲星下凡，他連續三次考狀元都未中，原因就在他相貌極醜，他於是一怒之下將裝書的木斗踢掉，投江而死。魁星雖未中三元，而民間百姓卻仰慕其才華，將他塑造為神，借「魁星踢斗」之題，以求文運高照。魁星手裏拿了一支筆，專門點考試中榜者的姓名，誰夢見魁星，誰就能成為考場上的幸運者。

8　烟癮：音 ien˙ ien，煙癮。

十二想埔（舖）娘轉間房，手點燈火上眠床，兩人就帖（墊）鴛鴦枕，烟盤放在蓆中央。

十三想埔（舖）娘就開聲，就喊丈夫愛解烟，你个烏烟唔（毋）解趺（忒），先離埔（舖）娘後賣田。

十四想丈夫就開口，就喊賢妻你莫愁，有時烏烟愛來解，春光日子在後頭。

十五想埔（舖）娘目汁來，目汁雙雙掃唔（毋）開，唔（毋）知丈夫烟癮大，當初唔（毋）好討涯（偓）來。

十六想郎君就勸解，解勸賢妻你莫聽，今日聽我丈夫話，日後唔（毋）敢見淺你。

十七想埔（舖）娘笑西（嘻）西（嘻），丈夫說話也精利，千個食烟也分化，何能今日掃我陂。

十八想郎君就開口，就喊賢妻你莫愁，男人抬頭天下發（闊），莫來講歪我名揚。

十九想郎君就解烟，即時夯（擎）筆開菜單，就開人蔘好肉圭（桂），兩對老榮（茸）浸落醃。

二十食烟真無理，就講埔（舖）娘好得你，好得當初來解勸，今日收心上京哩。

二十一想就上京，就上京城中狀元，打到皇帝好敬意，就點食人烟頭名。

二十二想就出行，就遊金街新狀元，兩邊火炮連天響，豬（豬）麻（嫲）狗子都燒驚。

二十三想就回家，兄弟迎接狀元爺，狀元陛（身）有金角帶，莫來被（鄙）是（視）食烟沙（儕）。

二十四想人聽到，埔（餔）娘聽到開心頭，今日丈夫高中轉，賢妻來做狀元娘。

二十五想狀元公，公婆打伴拜祖宗，敗（拜）得祖宗心歡喜，南蛇轉身變成龍。

二十六想轉間房，蓮花蠟燭透天長，兩人坐落金校（交）椅，般（攀）頭攬（摛）首笑一場。

二十七想解世情，解世（釋）大家食烟人，有錢不怕烟願大，總講八字愛營（贏）人。

二十八想唱山歌，唱來朋友歡喜無，皆因相好愛講笑，莫嫌朋友口幹（悥）多。

二十九想食烟人，有錢食烟愛精神，不知哪時生死日，枉費爺娘一點心。

三十想山歌三十條，條條山歌都食（唱）了，君子有話當面講，感心不變得人鬧（惱）。

三十一想後生人，千個食烟都分明，精神伶俐貼會算，乞食轉身變成龍。

【抄本終】

8.
徐阿任抄本〈夫妻不好歌〉

導讀

　　昔日社會的男女婚姻，許多是由長輩做主，或「十八嬌嬌三歲郎」的童養媳式婚姻，當事人彼此之間無感情基礎，故產生許多怨偶。此歌是以七言四句的十個聯章體來抒發夫妻不好的苦悶之情：「共床共蓆無話講」、「頭燒額痛無人問」、「食盡幾多冷菜飯」、「出外無人來叮囑」、「聲聲句句叫離婚」等，最後則勸誡夫妻要和睦，才能「榮華富貴萬萬年」。1934 年嘉義和源活版所和 1971 新竹竹林書局皆曾出版此歌仔冊。

內文

　　正月裡來是新年，公婆毋好真可連（憐），共床共蓆無話講，恰似冤仇一般般，苦正苦，仰得公婆來團圓？

　　二月裡來雨淋淋，公婆毋好苦傷心，頭燒額痛無人問，三分病來七分深，苦正苦，仰得雲開見天清（晴）？

　　三月裡來三月三，公婆毋好實在難，食盡己（幾）多冷菜飯，着盡己（幾）多殺狗衫，苦正苦，白衫着到變烏衫？

　　四月裡來四四方，公婆毋好無商量，出外無人來叮囑，入門無人問短長，苦正苦，悞（誤）了青春受棲量（悽涼）。

　　五月裡來是端陽，公婆毋好割斷腸，一日唔（毋）得一日暗，一夜唔（毋）得一夜光，苦正苦，死落陰間心不良。

六月裡來是熱天，公婆毋好會變顛（癲），恰似六月邦（挷）被盖（蓋），手攬（摎）被骨叫可連（憐），苦正苦，悞（誤）了青春涯（倨）少年。

七月裡來秋風來，公婆毋好真不該，一夜夫妻無話講，恰似冤仇共一堆，苦正苦，目汁雙雙掃不（毋）開。

八月裡來是中秋，公婆毋好莫強求，男女一定無生養，絕了香烟大無修，苦正苦，死了骨孩（骸）無人收。

九月裡來是重陽，公婆毋好畏（會）變狂，忽（負）了已（幾）多風流事，悞（誤）了已（幾）多好孩郎，苦正苦，絕了祖公一爐香。

十月裡來小陽春，公婆毋好煨（會）失魂，三分事情又叫打，聲聲句句叫離婚，苦正苦，無面見人難出門。

十一月裡來又一冬，公婆毋好敗家風，屋下有世（事）無愛做，百萬家財了得空，苦正苦，怒氣不怕家裡窮。

十二月裡來一年，句句相勸無虛言，生男育女傳後代，榮華富貴萬萬年，苦正苦，听（聽）涯（倨）相勸出頭天。

【抄本終】

9.
徐阿任抄本〈夫妻相好歌〉

導　讀

　　這是七言六句聯章體的歌謠。其內容是配合時令季節來說明夫妻和樂的歡愉情形與好處：「公婆相好好名聲」、「恰似織女對牛郎」、「鴛鴦枕上好風光」、「可比山伯對英臺」。1934年嘉義和源活版所、1971年新竹竹林書局曾出版此歌仔冊。1963年美樂唱片HL-216，由劉梅英演唱的〈湖上鴛鴦〉即是此內容，讀者可互為參考。

內　文

　　正月里（裡）來是新年，公婆相好應當然，得著爺娘心歡起，雖然貧苦當有錢，好正好，相好靚這（媸）也無嫌。

　　二月裡來是春分，公婆相好係精工，家中事業同心做，串（賺）錢串（賺）銀水幹（恁）双（鬆），好正好，相好無論家裡窮。

　　三月裡來是清明，公婆相好好名聲，公婆相錫（惜）名聲好，無錢當得有錢營（贏），好正好，有錢無錢命生成。

　　四月裡來水芒（茫）芒（茫），公婆相好奉爺娘，叔婆阿伯也歡喜，名聲當得桂花香，好正好，恰似織女對牛郎。

　　五月裡來端陽時，公婆相好正道理，大聲喊來細聲應，你錫（惜）涯（偃）來涯（偃）錫（惜）你，好正好，已（幾）多生趣無人知。

六月裡來係景（緊）工，公婆相好好家風，有世（事）兩人扛等做，雖然辛苦也双（鬆）容，好正好，牙玄（弦）彈起滿身雙（鬆）。

七月裡來七月秋，公婆相好前世修，男不貪花女不賤，係窮係苦做得有，好正好，暗夜無米也無憂。

八月裡來嬲（尞）月華，公婆相好做成家，早生男女心歡喜，妻做哀來哥做爺，好正好，攬（摘）等倈仔笑些（嘻）些（嘻）。

九月裡來是重陽，公婆相好共心肝，日裡相敬如賓客，夜里（裡）相牽上眠床，好正好，鴛鴦枕上好風光。

十月裡來小陽天，公婆相好當過仙，出門半月十日轉，天上落月一般般，好正好，相好無論家裡窮。

十一月裡來冬至來，公婆相好心頭開，別人過靚涯（偓）無愛，愛講愛笑兩人來，好正好，可比山伯對英臺。

十二月裡來又一年，公婆相好城（成）成（神）仙，你攬（摘）女來我攬（摘）子，一家和氣得團圓，好正好，榮華富貴萬萬年。

【抄本終】

10.
徐阿任抄本〈十勸世間人歌〉

導 讀

　　這是七言六句的聯章體。一般唱的勸世歌謠大多是四句，而它是六句，這是它形式上特殊之處。它奉勸世人要報答父母情，夫婦、兄弟要同心，要與鄰居和睦相處。同時也勸誡世人學藝要認真，買賣要公正，耕種要勞心，相交要識人，不可輕慢人，不可做壞事。它屬於一種綜合勸說。1934年，嘉義和源活版所曾出版此歌仔冊。

內 文

　　一來奉勸世間人，愛知父母恩義深，細細食娘身上血，苦心養大得成人，
　　此個深恩若不報，定然天地不容情！

　　二來奉勸世間人，為人夫婦要同心，莫來因端小可事，就來一旦怒傷心，
　　闔家老幼要和氣，勤儉何愁家不興？

　　三來奉勸世間人，為人兄弟愛同心，凡事莫听（聽）婦人言，愛知兄弟骨肉親，
　　大家盡心同協力，黃泥也煨（會）變成金。

　　四來奉勸世間人，近鄰勝過遠往（方）親，出入大家愛照顧，頭路各人愛認真，
　　萬一若有大小事，也愛隔壁左右鄰。

　　五來奉勸世間人，手藝一定愛認真，夜明（眠）愛來清早起，學有手藝不愁貧，
　　手藝若是係來好，到處也有人來尋。

六來奉勸世間人，為人買賣要公平，秤斗出入愛坪（平）正，天上鑑察有神明，
各人存心守本分，不可枉來欺騙人。

七來奉勸世間人，為人耕種要勞心，失頭[1]緊緊愛去補，清早勤勞來去淋，
居家老幼要檢點，往來也要看顧人。

八來奉勸世間人，相交一定愛識人，對人講話須謹慎，莫來就去得罪人，
人講錢財如糞土，仁義正係值千金。

九來奉勸世間人，有錢不可輕慢人，富貴貧窮輪流个，不信且看眼前人，
先日有錢今日苦，看等無錢短會有。

十來奉勸世間人，人家一定愛耐心，為人不可作惡事，作惡之人罪惡多，
自己那（若）係無報應，日後兒孫也冰波（奔波）。

【抄本終】

---

1 失頭：音 siid丶 teu˘，稻田中稻子枯死的區塊。

11.
徐阿任抄本〈上大人勸世歌〉

導讀

　　〈上大人勸世歌〉在昔日曾被當作私塾教材。此是七言四句的歌謠，和大多數的數目聯章或月令聯章不同。它旨在勸人要多讀書，知禮識義，人生自可俯仰無愧，來去自由。此歌篇幅短小，但寓意深遠。五首皆押同韻。1934年，嘉義和源活版所曾出版此歌仔冊。

內文

　　上界有佛在心頭，大小人家正好修，
　　人在世間容易過，孔子詩書永傳流。

　　乙己命運是前定，一身衣祿不須求，
　　化人行善終有益，三思六想載無憂。

　　千謀百計難逃數，七旬老人有己（幾）秋？
　　十年興敗人多少，士農工商各自由。

　　你為善惡天必報，可教後代書莫丟，
　　知禮識義人尊敬，禮門義路任君遊。

　　也有凡人成佛道，勸君回頭急要修，
　　世人若能行此事，文武科甲定能有！

　　【抄本終】

12.
徐阿任抄本〈積德勸世歌〉

導 讀

　　此乃七言四句普通聯章的勸世文，共十章，首敘為人當以孝順為先；次說積德之方：學善良、發慈悲、莫貪財。若能行孝、積善，自然是「行善自然多尾報，忠良之家百福來。」1934年，嘉義和源活版所曾出版此歌仔冊。

內 文

百善當行孝在先，家貧養老要心賢，
父母恩深心能報，兒孫富貴个个（個個）賢。

諸君測（側）耳細聽知，聽看有理也無理，
解勸大家行孝順，行孝之人天無虧。

為人積德最為先，有才無善也枉然，
不信但看眼前者，愛興愛敗也無難。

山歌造來勸世間，諸位朋友認真聽，
時時行該方便路，種種修來是善緣。

為人總要學善良，良善之人定吉昌，
行善自然有可報，世代榮華福無疆。

為人不可作惡多，作惡之人罪如何？
自己那（若）是無報應，日後兒孫也冰波（奔波）。

為人發心勸四方，勸人須要學忠良，
平生莫作虧心事，自有皇天降吉祥。

為人良善發慈悲，諸惡奸刁莫亂為，
勤讀傳家為上策，天公報應定無虧。

為人一生學善良，保國安民姓名香，
從我一生無大德，也堪世上作綱常。

為人不可妄貪財，虧心貪財禍必來，
行善自然多尾報，忠良之家百福來。

【抄本終】

13.
徐阿任抄本〈囑郎勸世歌〉

導 讀

此乃七言四句十個聯章體的勸世文。妻子或女朋友囑咐她的男人：不可拈花惹草，不可賭博，不可吸食鴉片，不可亂花錢等。「勸世文」的「勸誡」動作一般都用「勸」，本文用「囑」字，是其特別之處。1934年，嘉義和源活版所曾出版此歌仔冊。

內 文

一囑涯（倕）郎郎愛知，閒住家庭愛知機，遊手好閒無了日，大小生理愛做理（哩）。

二囑涯（倕）郎心莫也（野），露水夫妻切莫惹，大風吹落對聯紙，惹到大字[1]正知差。

三囑涯（倕）郎愛分明，當今阿妹最無情，千番有錢千番好，一番無錢向別人。

四囑涯（倕）郎心愛寬，賭博場下莫去鑽，世上幾多精靈子，因為好賭無春光。

五囑涯（倕）郎愛精神，賭博贏錢有幾人？串（賺）錢只有吳三寶[2]，家財了盡無人憐。

六囑涯（倕）郎心莫迷，岸烟不好食到（著）渠（佢），若係洋烟食上隱（願），

---

1 大字：音tai sii，大字和大事，客語音相同，取其諧音，故這裡，大字即指大事。
2 湖南花鼓戲、安康花鼓戲有一齣《吳三寶游春》。吳三寶原是富家公子，後因喜歡賭博而耗盡家財。

鄰舍親戚看衰你。

七囑涯（倕）郎心莫貪，洋烟不好來去站（沾），肚屎食到神龕樣，山字眉頭面曆（瀝）青[3]。

八囑涯（倕）郎愛顧家，衫褲不好着奢華，辛苦串（賺）錢莫亂使，步步鉤針莫行差。

九囑涯（倕）郎莫東癲[4]，切戒嫖賭阿（鴉）片烟，你今不（毋）係年己（紀）少，子女襤褸在眼前。

十囑涯（倕）郎囑得多，莫倍（被）歪人來挑唆，百般言語都囑盡，聽不聽來由在[5]哥。

【抄本終】

3　面瀝青：音mien lag qiang ˊ，臉色發青。
4　東癲：音 dumg ˊ dien ˊ，「癲東」的倒裝，指瘋瘋癲癲。
5　由在：音 iuˇcai，任憑去做，而不加以約束。

14.
徐阿任抄本〈安慰寡婦之歌〉

導 讀

　　此乃七言四句的歌謠，共分十一章，每章開端詞皆為「後生無夫～」，不但具形式之美，也有復沓的效果。

　　在中國禮教的籠罩下，昔日的寡婦在身心、經濟上都受到很大的煎熬。此文是在勸說寡婦要守節，要渡子長大，切勿再婚，否則過世之時，無人披麻帶孝；和人吵架，也無言以對。「竹筒落甌係蒸節」、「藤斷自有篾來駁」等句，讀者可細細品味。1934年，嘉義和源活版所亦曾出版此歌仔冊。

內 文

　　後生無夫八字差，丈夫死裡（哩）留歪麻（嬤）[1]，杓麻（嬤）無柄雙手捧，天係虧人由得他。

　　後生無夫無相干，守節一事心愛專，莫信歪人來唆弄，這家烟火不（毋）好斷。

　　後生無夫心莫野，切莫時刻轉外家，路上幾多歪男子，不（毋）是（係）打刮（劫）也採花。

　　後生無夫心莫忙，買个（個）子弟鼎綱常[2]，日後子弟做得好，貞節正來起牌坊。

　　後生無夫愛收心，邪徒一事莫去尋，鹹酸苦辣守下去，日後自有天賜金。

1　歪嬤：音 vai ˊ maˇ，苦命的女人。

2　鼎綱常：音 din ˋ gong ˊ songˇ，繼承香火。

後生無夫心莫愁，總愛自己有機謀，放下邪心渡子女，自有雲開見日頭。

後生無夫汝愛聽，兩次嫁人骨頭輕，子女誥卦卦唔（毋）著[3]，同人相罵罵唔（毋）贏。

後生無夫心莫星（生），認（忍）耐定有出頭天，竹筒落甑係蒸節[4]，莫奔（分）外人來看輕。

後生無夫心莫灰，細心帶大子女來，藤斷自有蔑（篾）來駁，船到灘頭水路開。

後生無夫莫慌張，一條禾頭一條秧，嫁過老公又唔（毋）好，仍舊一世無春光。

後生無夫莫離題，風流兩事莫相（想）渠（佢），仰起頭來天下闊，世上命歪不丹（單）汝。

【抄本終】

---

3 子女誥卦卦毋著：音 zii丶 ng丶 gau丶 gua gua m˘do丶，意指寡婦如果改嫁，將來孩子中了狀元，封誥夫人就無份。封誥是清明帝王對五品以上官員及其先代和妻室授予封典的誥命。

4 竹筒落甑係蒸節：音 zug丶 tung˘ log zen he ziin✓ jied丶，「甑」是炊飯所用的容器，古代最早以陶土燒成，後來用木材製作，現在用電鍋來炊飯。竹筒內可裝米炊成竹筒飯。「蒸節」和「貞節」諧音，故引申為寡婦若能守寡，撫育子女，努力持家，將來必得貞節之名，也必定能出人頭地。

15.
徐阿任抄本〈百般難〉

導 讀

　　此乃七言四句的歌謠，共十九章，每章開端語幾乎為「百般事業百般難」，具複沓之美。內容在說明一般人往往「騎驢找馬」，不知足，其實各行各業的人都有他的難處。這裡他舉了小孩子、讀書人、看牛郎、裁縫師、木匠、賣冰者、農夫、種菜者、乞丐等例子，看起來似乎人人都很愜意，事實上，人人都有其難言之隱。1935 年，嘉義和源活版所曾出版此歌仔冊。

內 文

　　百般為人都是難，唔（毋）當細人較清閒，肚飢又有乳好食，食飽又來睡搖籃。

　　算來百般都是難，細人也無較清閒，都（堵）著阿姆無乳食，吱吱唧唧噭王（皇）天。

　　百般為人都是難，讀書哥子係親（清）閒，每日勤勞去學校，讀煨（會）日後做官員。

　　百般事業百般難，唔（毋）當讀書較清閒，有日勤勞到學校，認真讀書做官員。

　　百般事業百般難，讀書也係真為難，有個讀書七八冬，唔（毋）識瞎字[1]係仰班（般）？

1　毋識瞎字：音 mˇ siidˋ hadˋ sii，連一個字都認不得。

百般事業百般難，唔（毋）當牽牛較清閒，上畫同妹打石子，下畫同妹寮花園。

百般事業百般難，牽牛也係真為難，都（堵）著牛仔好相鬥，又愛趕來又愛欄（攔）。

百般事業百般難，唔（毋）當裁縫較清閒，屋下涼涼有衫做，坐等艷（挷）脚[2]也有錢。

百般事業百般難，裁縫也係真為難，洋服做來變狗服，培（賠）人布錢也係難。

百般事業百般難，唔（毋）當木相（匠）較清閒，屋下涼涼有好做，極極磕磕[3]也有錢。

百般事業百般難，木相（匠）也係真為難，員（圓）空鑿到變扁空，榫頭鬥必[4]也是難。

百般事業百般難，唔（毋）當賣水係親（清）閒，街頭挨到街尾轉，致（至）少串（賺）有三四圓。

百般事業百般難，賣水也係真為難，都（堵）著天公係落水，容（融）到淨淨賣無錢。

百般事業百般難，唔（毋）當耕田較清閒，早晚兩時認真做，半做半寮又一年。

百般事業百般難，耕田也係真為難，都（堵）著年冬係唔（毋）好，無谷（穀）好割噭王（皇）天。

2　挷脚：音 iam giog ˋ，抖動雙腿。

3　極極磕磕：音 kid kid kog kog，狀聲詞，木匠敲或釘木板、木頭的聲音。

4　必：音 bid ˋ，裂開。

百般事業百般難，唔（毋）當種菜較清閒，嫩葉摘來街上賣，黃葉飼豬（豬）也有錢。

百般事業百般難，種菜也係真為難，都（堵）著天公係落水，菜秧督（添）死了本錢。

百般事業百般難，唔（毋）當乞食較清閒，食盡己（幾）多新米飯，睡盡己（幾）多伯公壇。

百般事業百般難，乞食也係真為難，受盡己（幾）多狗子氣，講盡己（幾）多好金言。

【抄本終】

16.
徐阿任抄本〈士農工商歌〉

導 讀

　　此乃七言四句的歌謠體。形式短小，只有三章。旨在勸誡讀書人、耕田人和學手藝的人，切莫嫖賭，否則百事無成。1934年，嘉義和源活版所曾出版此歌仔冊。

內 文

　　一來奉勸讀書人，讀書阿哥愛聽真，
　　讀書阿哥好花色，過好詩書讀不成。

　　二來奉勸耕田人，耕田阿哥愛听（聽）真，
　　耕田阿哥好嫖賭，丟別禾苗生草根。

　　三來奉勸手藝人，手藝阿哥愛听（聽）真，
　　手藝阿哥好嫖賭，過好手藝無人尋。

　　【抄本終】

17.
徐阿任抄本〈招親〉

導讀

　　招贅也叫做入贅，即男子成為其妻子家族的成員。在男子無力迎娶妻，而女子又必須守家為榮的情勢之下，就很容易產生招贅的婚姻情況！此外，家中只生女兒，而無兒子的家庭，也會考量其女兒在出嫁之後，其父母就無人可奉養，而在其父母過世後，其家業也會因為無人繼承，而絕了家，所以只好招贅，好支撐門戶，並得以繼承祖業與香火！

　　一般想會招贅的家庭，都是沒有兒子，但卻有錢勢的人家，所以大家都會認為被招贅的男子，都是貪圖女方家中的錢勢，才願意被招贅，而假使女方的家庭成員，甚至是被招贅者的妻子，也有如是的想法，那麼這會讓被招贅的男子，一輩子都抬不起頭，甚至會鬱悶成疾，羞愧一生！而家境好、品行佳、長相俊美、學歷高的男子，都對被招贅有所顧忌，而不願被招贅。

　　在盛行女嫁男娶，孩子隨夫姓的封建社會，難免會在招贅者和入贅者間，挑起不對等的負面想法與言論，所以假使入贅男，無法在婚後，靠著自己的努力，努力發揮丈夫的社會的職能，並善盡丈夫的角色責任，最終會在家中沒有地位，也得不到起碼的尊重與尊嚴，在自卑鬱悶的情況下，最後寧可放棄婚姻，或是自暴自棄，好吃懶做，甚至，為了麻痺自己，而染上酗酒與賭博等惡習，所以大多數的男人，都對入贅引以為恥，就怕失去了男性的氣慨與顏面！

　　此乃七言四句二十八個長篇聯章歌謠，敘述贅夫者的辛酸與無奈。1970年，新竹竹林書局曾出版〈招親歌〉；1965年1月出版，美樂唱片HL-256黃連添自編自拉自唱的〈招親歌〉；1966年1月出版，美樂唱片HL-306 李珍祥、張瑞竹對唱的〈花開等何時〉都是大同小異的內容，讀者可互為參考。

內文

一想後生奔（分）人招，一重欢（歡）喜一重愁，一心招來春光日，誰知悽慘在後頭。

二想招親实（實）在难（難），做人真好人愛嫌，一人難合千人意，三十六想做人难（難）。

三想招親真可連（憐），日夜做到麼（無）時閑（閒），年頭做到年尾轉，零生[1]愛使又麼（無）錢。

四想招親真可連（憐），日夜做到麼（無）時停，衫褲爛來麼（無）人補，不如自己打單身。

五想招親真艱辛，雞啼做到二更深，做到三更人睡盡，腳踏麼（無）鞋冷到心。

六想招親真氷（奔）波，拾指尖尖做到高[2]，百般頭路做扛（光）轉，皆由麼（無）錢麼（無）奈何！

七想招親真寒酸，衫褲爛來膝頭穿，衫爛褲爛麼（無）人補，紐仔斷踢（弒）麼（無）人安。

八想招親命真歪，招到（著）妻子惡過涯（偓），早知招到（著）悽慘事，不如齋堂來食齋。

九想招親得人驚，一句燒來一句冷，做到過好麼（無）欢（歡）喜，已（幾）多暗切[3]毌敢声（聲）。

---

1 零生：音 lang ˇsang ╱，零錢。
2 高：音 go ╱，指手指長繭或磨破。
3 暗切：音 am qied ╲，外人不知的內心悲切。

拾想招親涯（𠊎）知差，錢去帖（貼）人賣自家，好个人家招吥（毋）到（著），歪命招到汝（若）屋下。

十一招親真孤悽（栖）[4]，已（幾）多暗切麼（無）人知，好得朋友來講唱，吥（毋）得年滿出頭時。

十二招親目汁來，目汁双（雙）双（雙）掃吥（毋）開，合等口仔敔[5]大氣，朋友问（問）著講吥（唔）來。

十三招親人人有，麼人招到（著）真麼（無）修，三餐茶飯自已煮，靠（較）慘做人番仔牛[6]。

十四招親真吃（缺）虧，契哥入屋不敢磊（擂）[7]，契哥入屋吥（毋）敢講，人人講涯（𠊎）做烏龜。

十五招親差了差，到（倒）貼錢銀賣自家，井水拿來打布白，景（緊）看緊真难（難）甲（佮）家。

十六招親人人知，皆因麼（無）錢招到（著）妳，木相（匠）夯（擎）枷自造个[8]，鉄（鐵）鈀（耙）晒（曬）衫叉（差）了裡（哩）[9]！

十七招親真不（毋）著，豆腐麼（無）油难（難）起鍋，十字街頭買田螺，將錢買兜氣來抽。

4　孤栖：音 guˊ xiˊ，孤單。

5　敔大氣：teuˋ tai hi，大口吐氣。

6　番仔牛：fanˊ eˋ ngiuˇ，比喻為姘頭做牛做馬而得不到回報的男人。

7　擂：luiˊ，毆打。

8　木匠擎枷自造个：mugˋ xiong kiaˇ gaˊ cii co ge：木匠犯罪舉著木枷，而木枷是木匠自個做出來的。引申為自作自受，怨不得別人。

9　鐵耙曬衫叉了哩：tiedˋ paˇ sai samˊ caˊ liauˋ leˊ，釘耙有叉易把曬的衣服刮破。叉和差諧音，故引申為一切打算錯了，叉了諧音差了。

十八招親真忽（慍）卒（悴），聲聲句句趕涯（偓）出，聲聲句句磨字紙，吓（唔）得枋開鋸來律（殷）[10]。

十九招親真係狂，吓（毋）知招到（著）惡埔（餔）娘，三日至少操（吵）四変（遍），前生燒了斷（斷）頭香。

二十招親真艱辛，句句罵涯（偓）交（攪）潭精[11]，一句半話相得失，水篤（涿）簸箕麼（無）時停。

廿一招親真慘悽，看尽（盡）己（幾）多麼（無）透枝，又愛妻子曉得想，又愛父母識道理。

廿二招親麼（無）奈何，麼（無）想招到（著）真水（奔）波，一年三百六十日，欢（歡）喜靠（較）少愁靠（較）多。

廿三招親难（難）了难（難），招親招去做長年，一人难（難）合千人意，做人過好人愛嫌。

廿四招親淚淋淋，不知哪日得出身，偓係看佢親妻子，他（她）是看涯（偓）外來人。

廿五招親差了裡（哩），受苦日子麼（無）人知，有情妹子完（還）過得，忘恩負義正慘悽。

廿六招親想唔（毋）開，緊想緊真目汁來，人人也想春光日，怪得命歪出世來。

廿七招親講吓（毋）尽（盡），各人立志做成人，自己有錢討一个（個），免致招

---

10 枋開鋸來殷：biong ˊ koi ˊ gi loiˇ lud ˋ，原指木板鋸開，鉅子得以脫身休息。引申為兩人劃清界線，毫無瓜葛，得到解脫。

11 攪潭精：gau ˋ tamˇ jin ˊ本是廣東一江河中的精怪，經常會搞沒船隻或吃人、牲畜。後引申為撥弄是非的壞份子。

人受艱辛。

廿八招親年己（既）滿，講到（著）愛出開片天，妻子帶等來去出，一家大小得團圓。

【抄本終】

18.
何阿信抄本〈招妻歌〉

導 讀

　　此乃七言四句長篇聯章歌謠，敘述贅夫者的辛酸與無奈，與徐阿任抄本〈招親〉內容類似，只不過篇章較少而已。1970年，新竹竹林書局曾出版〈招親歌〉；1965年1月出版，美樂唱片 HL-256 黃連添自編自拉自唱的〈招親歌〉；1966年1月出版，美樂唱片 HL-306 李珍祥、張瑞竹對唱的〈花開等何時〉都是大同小異的內容，讀者可互為參考。

內 文

　　一想後生奔（分）人招，一重欢（歡）喜一重愁，一心招來春光日，郎（狼）貝（狽）日子在後头（頭）。

　　二想招親实（實）在难（難），做人幹（恁）好人愛嫌，一人難合千人意，三十六想做人难（難）。

　　三想招親真可連（憐），日夜做到毛（無）時閑（閒），年头（頭）做到年尾轉，零生愛使又無錢。

　　四想招親真可連（憐），日夜做到麽（無）時停，衫褲爛來自己補，情愿（願）等支（佢）打單身。

　　五想招親真間（艱）辛，雞蹄（啼）做到二更深，做到三更人睡尽（盡），腳底無鞋冷到心。

六想招親真崩（奔）波，十指尖尖做到高，百件头（頭）路做光轉，皆因無錢仰奈何！

七想招親真寒酸，衫褲爛來膝頭川（穿），衫仔爛來自己補，鈕仔斷踢（忒）無人安。

八想招親命真歪，招到（著）妻子惡过（過）涯（倨），心想招妻來傳代，情愿（願）奄（庵）堂來食齋。

九想招親得人驚，一句燒來一句冷，做人真好毋欢（歡）喜，己（幾）多暗切毛（無）人知。

十想招親就知差，千怪万（萬）怪怪自家，好个人家招不到（著），歪命招到幾（厥）屋下。

十一招親幹（恁）孤西（栖），己（幾）多暗切無人知，好得朋友來解劝（勸），毋得年滿出頭時。

十二招親目汁來，目汁双（雙）双（雙）掃不（毋）開，合等口仔透（敨）大氣，朋友问（問）到（著）講唔（毋）來。

十三招親人人友（有），無涯（倨）招个幹（恁）無修，三餐茶飯涯（倨）來煮，恰似做該番仔牛。

十四招親幹（恁）乞（缺）鑕（虧）[1]，契哥入屋無（毋）敢搥，契哥入到唔（毋）敢打，人人講涯（倨）做烏龜。

十五招親年已（既）滿，一下愛出笑連連，帶（戴）[2]加一年來去出，恰似烏雲開片天。

【抄本終】

---

1 缺鑕：音 kied丶 kui／，遭受損失或受人欺負。
2 戴：音 dai，住。

19.
徐阿任抄本〈劉不仁不孝回心〉

導讀

　　此乃韻散夾雜的說唱體。以七言與五言為主，句中包括《增廣昔時賢文》的語句，如：「觀今宜鑑古，無古不成今，知己就知彼，將心來比心。」；亦可見〈懷胎寶卷〉的用語，如「孝順還生孝順子，不孝還生不孝人」；更引用了「二十四孝」中孟宗哭竹、王祥求鯉、丁蘭刻木、姜安送米、楊香打虎、目連救母等故事。可見它受到中國傳統孝道及《增廣昔時賢文》的影響頗深。1935 年嘉義和源活版所曾出版此歌仔冊。

　　此內容出自徐阿任《徐阿任手抄本》頁 182-188，敘述廣東省有一名叫劉不仁者，事親不孝，不但時時罵父親，而且欲將父親裝在豬籠內任水漂走。他的小兒子劉孝真，對父親勸說：不可不孝爺爺，否則將來我也會照樣學你。劉不仁聽了馬上驚醒，從此孝順雙親。歌者藉著故事，勸誡世人要行孝。

內文

　　奉劝（勸）諸君愛听（聽）真，莫學廣東刘（劉）不仁，孝順還生孝順子，不孝還生不孝人。观（觀）今宜鑑古，無古不成今，知己就知被（彼），將心耒（來）比心。欠債怨財主，不孝怨双（雙）親，講起刘（劉）不仁，實在真真不孝心。五雷若係知，天地不容情，不念父母親血脈，恩義如同海樣深。又不念双（雙）親十月懷胎恩義大，養育自己身，三朝并七日危危險險得驚人，恰汝（如）担（擔）油行滑路，難得子大可安身。可比坐路（船）过（過）大海，又驚起風落雨船耒（來）沉，做人父母者，千辛萬苦難，千難萬難養大得成人，父母恩義都不報，可比禽獸一般形。

　　講起劉不仁，天下也難尋，不孝怨父母，時時罵父親。日日大聲罵：像該老猴古

（牯）[1]，看人眼精精[2]，每日食飽么（無）做世（事），噥噥瀧（噥）瀧（噥）[3]祭衰人[4]，七、八十歲係么（無）死，像該廢物一般形，三餐食吓（下）飽，烏烟黃烟食么（無）停，會食又（毋）會做。緊看心火又緊起，隨時起該惡毒心，就喊自己細個倈仔，名呌（叫）刘（劉）孝真，景景（緊緊）上棚頂，拿隻大猪（豬）籠，同涯（偓）洗淨淨愛耒（來）張（裝）該老猴古（牯），兩人景景（緊緊）扛耒（來）去，扛到大海慢慢放矩（佢）沉。

偓个細个倈仔就係刘（劉）孝真，今年都（堵）都（堵）[5]十二歲就耒（來）問父親，阿公年老捉去沉海是何因？劉不仁就对（對）子兒講，假做極聰明，人老就么（無）用，留耒（來）看衰人，身屍沉落海底去，魂魄慢慢奔（分）矩（佢）上天庭，免至（致）日後做齊（齋）又做七，真真完（還）艱辛。刘（劉）孝真听（聽）見父親說，句句也分明。雖然年己（紀）小，也係極灵（靈）通。就对（對）父親講：不可不孝老公公，父親細細之時也係公公養育大，公公年己（紀）老看佢就么（無）用，將佢扛去沉海底，猪（豬）籠偓愛留轉耒（來），日後爺爺若係老，又好留耒（來）張父親，也係扛到大海邊慢慢放矩（佢）沉，親像這樣形。

刘（劉）不仁听（聽）到心肝著下驚，我兒講話驚到（著）人，句句言語也係著，講到利过（過）針[6]。偓今毋敢不孝耒（來）罵我爺，对（對）自己愛來反良心。孝順還生孝順子，忤逆爺娘，後來我个子，也係不孝我自身。古早老人講个話，句句言語也是金。若要兒孫孝順偓，偓今先孝二双（雙）親，從今十惡一善改，不敢不孝二双（雙）親。不孝罪惡大，天地不容情。奉劝（勸）人人行孝道須要斈（學）該古賢人：斈（學）得孟宗哭竹冬生笋（筍）；王祥求鯉雪上眠；又斈（學）丁蘭刻木為父母；姜安送米奉娘親；再斈（學）楊香耒（來）打虎，捨命救父親；斈（學）得二十四孝者，郭巨埋兒天賜金。羊有跪乳恩深報，但看目連大入去地獄救母上天庭。不孝爺娘罪惡大，行孝父母百福臨。【抄本終】

1　老猴牯：音 lo ˋ heuˇ gu ˋ，對老男人的貶稱。

2　眼精精：音 ngienˋ jinˊ jinˊ，目不轉睛。

3　噥噥噥噥：音 nung ˇnungˇ nung nung：嘮嘮叨叨。

4　祭衰人：音 ji soiˊ nginˇ，丟人現眼。

5　堵堵：音 duˋ guˋ，剛好。

6　利過針：音 li go ziimˊ，比針還尖銳。

20.
羅蘭英抄本〈劉不仁不孝回心歌〉

導 讀

　　此乃2006年8月1日，筆者田野調查訪問新竹新埔藝人羅蘭英（1935－約2006）的作品，內容和《徐阿任抄本・劉不仁不孝回心》差不多，1935年，嘉義和源活版所也有出版此歌仔冊，讀者可互為參考。

　　羅蘭英和夫婿劉邦順（1920～）皆做撮把戲維生。亦曾向莊木桂學過採茶，當年常演唱：【平板】、【山歌子】、〈打海棠〉、〈十八摸〉、〈上山採茶〉、〈繡香包〉、〈進妹房〉、【陳仕雲】、【勸酒】、【苦李娘】、〈十二月古人〉、〈月清古賢人〉、《殺子報》、《劉庭英賣身》、《盤古開天》、《仙伯送英臺》、《英臺報住所》、《十拜梁哥》、《七寶龍鳳箱》、《劉秀復國》、《王寶釧》、《陳世美不認前妻》、〈曹安殺子為救母行孝歌〉、〈劉不仁不孝回心歌〉、〈種竹歌〉、〈勸世文〉、〈雜歌〉、〈感情山歌〉、〈娘親渡子歌〉、〈地動歌〉、〈青春樂〉等。四十年前，賣藥生意好時大約一天有千餘元收入，但是因為孩子多，生活相當辛苦。後來，因為賣藥生意式微，所以拜葉金河為師，在三十至四十歲間曾組「羅蘭英歌唱團」，重要徒弟有曾玉英、范元妹。

內 文

　　奉勸諸君愛聽真。莫學廣東个劉不仁。又講孝順還生孝順子，不孝還生不孝人。觀今宜鑑古，無古不成金（今），知已就知比（彼），將心來比心。欠債怨財主，自己不孝就怨雙親。講起劉不仁，真真實在不孝心，無想十月懷胎娘受苦，養育自己身，三朝並七日，危危險險得驚人。養育子女大，可比坐船過海一般形；又驚起風落雨船來沉；可比落水行滑路，仰得子大好安心？講起劉不仁，真真實在不孝心，天地神明看得見，五雷來打不容情。時時罵父親：像該老猴精，看人眼精精，三餐食下飽，黑烟黃烟食

磨（無）停，會食不會做，實在看衰人。緊看心火就緊起，即時起該惡毒心。就喊佢個（个）倈仔，名喊劉孝真，幹（趕）緊上棚頂，拿隻大豬籠來，洗清清（淨淨），佢愛張該老猴精。

佢個（个）細个倈仔今年都都（堵堵）十二歲，就開口問父親劉不仁：阿公年紀老，張落豬籠為何因？劉不仁聽見子兒說，實在有聰明。「人老就無用。留來看衰人，身屍丟落海中去，魂魄慢慢分佢上天庭，免致日後做齋又做七，實在很（還）跟心（艱辛）。」劉孝真聽見父親講，句句也分明。就來問父親：「將阿公捉去沉海底，豬籠佢愛留轉吾家庭，日後阿爸老，也好留來張你身，親像張阿公一般形。」

劉不仁聽見子兒說，心肝著一驚，我兒說話嚇著人。雖然年紀異幼，句句尖過針，佢今不敢來不孝我父親。就對今日起，愛來反良心，人講屋簷水落地點點也係真，若愛日後我兒孝順佢，佢今先孝兩雙親，大家要學丁蘭刻木為娘親，王祥釣鯉雪上眠，學得二十四孝者，郭己（巨）埋兒天送金，羊有跪乳恩深報，烏鴉還有反哺心，但看目連大尊者，人去地獄救母上天庭。

【抄本終】

圖5：藝人羅蘭英攝於新埔太平窩自宅。

21.
何阿信抄本〈十勸小姐〉

導 讀

　　何阿信（1913-2008）年輕時住新竹州桃園郡八塊庄宵裡三九四番地。根據何師石松、吳餘鎬老師等說法：他一生務農為主，平日酷愛山歌、採茶。下面是他在昭和八年（1933年）所抄錄的勸世文抄本：

　　（1）十勸妹子　頁12-14

　　（2）十想交情　頁22-23

　　（3）奉勸世文　頁43-46

　　（4）十勸世間人　頁46-47

　　（5）十勸行孝勸世文　頁47-49

　　（6）曹安行孝　頁49-56

　　（6）十勸小姐　頁56-57

　　（7）十三想瞙目歌58-59

　　（8）拾想渡子歌　頁62-63

　　（9）十想家貧　頁63-66

　　（10）勸世文　頁68-74

　　（11）十想無夫　頁74

値得注意的是：

　　1. 這本手抄本內容除了有許多勸世文，如〈曹安行孝〉、〈十三想瞙目歌〉、〈十勸妹子〉、〈十勸行孝勸世文〉…外，亦混雜了一大批的（1）山歌：如〈雜語山歌〉、〈日落山歌〉、〈新情歌〉、〈摘茶歌〉、〈斷情歌〉；（2）小調：如〈宋朝歌〉（按：〈十二月古人歌〉）、〈十綉香包歌〉、〈柳娘歌〉（按：又名〈看娘歌〉）；（3）客家三腳採茶戲：如〈十二月分群歌〉（按：即客家三腳採茶戲第一齣《上山採茶》其中之一種唱腔、唱

詞〈十二月採茶〉）、《桃花過渡》。

2.徐阿任和何阿信兩人的手抄本內容、風格很類似。兩本手抄本內容完全一樣的就有〈十勸世間人〉、〈十想小姐〉、〈十想家貧〉、〈十想渡子〉。兩者以數字「十」作題名聯章的勸世文特別多。此內容和徐阿任抄本〈十想勸小姐〉的內容，大同小異，讀者可一并欣賞。

內 文

一勸小姐姐不仁，當初時節嫁慢（麼）人，各人有夫各人个，何能貪心想別人？

二勸小姐真還訟，幹（恁）好丈夫尔（妳）不從，後生時節風流好，日後也愛轉家中。

三勸小姐尔（妳）愛知，將把言語解勸尔（妳），少年時節不歸家，老裡（哩）愛轉鐵（忒）慢裡（哩）。

四勸小姐完（還）少年，又愛風流威（為）串（賺）錢，有時有日時運敗，莫怪命歪幹（恁）可連（憐）。

五勸小姐好歸家，轉去家中享榮華，勸尔（妳）幹（恁）好尔（妳）唔（毋）听（聽），日後老裡（哩）正知差。

六勸小姐好人財（才），家家男子都会（會）來，可比牡丹花樹開，乃（哪）有拜拜（擺擺）[1]錢送來？

七勸小姐莫風流，從夫轉屋萬年有，当（當）今時節不（毋）想轉，別人顧得小（少）吉（幾）秋？

八勸小姐梁四珍，轉去立志做成人，當初落難变（變）羅漢，過後都有狀元身。

---

1 擺擺：音 bai ˋ bai ˋ，每一次。

九勸小姐日紅身，对（對）奔（分）浙江姓高人，日紅當朝做考察，誰舍（捨）親夫高顏真！

十勸小姐張玉英，愿（願）对（對）小生白筆陳，王生進士都不對，不（毋）當羅漢白筆陳。

【抄本終】

22.
何阿信抄本〈奉勸世文〉

導 讀

此乃五言歌謠，不分章，一韻到底。這種五言的勸世文相當少，故彌足珍貴。內容在奉勸世人要與家人、朋友、鄰居和睦相處，不要隨便搬弄是非。此歌中別字、假借字稍多，可見是出自底層的庶民之手。

內 文

奉勸好朋友，一家愛和氣。朋友見相識，開口愛笑微。

齊家愛相問，歡歡愛喜喜。若有做壞子，暗來并暗去。

莫投[1]人父母，鬼來又鬼去。害著人爺哀，愁到半生死。

丈夫就得知，打到半生死。有影完（還）誥（較）得，無影無天理。

害人皮又痛，罪積（責）尔（你）當去。遷（牽）示（是）并百（撥）非[2]，人命害死裡（哩）。

看到人同口，雖（誰）人就得知。口友愛照故（顧），暗就暗在佢[3]。

有人來偷看，口聲講人知。爺娘并丈夫，面目緊慢居（佢）。

若有人來問，胎（推）記（句）涯（倕）不（毋）知。福任（蔭）有神（承）蒙，害人千（全）怪尔（你）。

莫來轉屋下，講人父母知。拆散人婚音（姻），總也無天里（理）。

五六月天公，完（還）來蓋綿（棉）被。雖然都燒燒，加勝[4]泣（氣）得死。

---

1 投：音teuˇ，告狀。

2 牽事撥非：音kienˊ sii badˋ fiˊ，挑撥是非。

3 暗就暗在佢：音am giu am cai giˇ，掩蓋得住就掩蓋。

4 加勝：音gaˊ siin，更加。

一日想到暗，想來跳潭死。跳潭有神明，冤主無人知。

心想來望樑[5]，外家不得知。回轉投外家，來到仰主意？

講得條道里（理），開聲問婿郎。無言可所說，何能來打妻？

喊眾人來看，講得條道里（理）。有里（理）就打得，無里（理）無放佢。

係有過腳事[6]，雖（誰）人講尔（你）知？喊著鬼頭來，得（等）涯（偃）來問佢。

事實愛查真，不可冤枉佢。喊到樑來坐，涯（偃）今來問佢。

涯（吾）女有是（事）實，真言講涯（偃）知。照實對我講，涯（偃）枉講笑裡（哩）。

害人又冤家，仰班（般）打主意？打到節節烏，真實無天理。

包涯（偃）妹子好，情（盡）彩（採）輕放佢。係有長短事，牽著瓠子藤。

瓠葉總來理，漸漸說閒言。慢慢問起勢[7]，若有過腳事，左鄰右舍知。

左鄰右舍講，照實講你知。明明係好子，奔（分）人講壞裡（哩）。

外家牙（衙）門口，等佢去食罪。總成牙（衙）門口，身家毛（無）了裡（哩）。

句句得罪人，莫怪人害尔（你）。勸人大家好，以後尔（你）就知。

朋友愛商量，何怕外人欺？好壞愛相問，看著正生趣。

有無愛相借，分文算完（還）佢。戥真[8]借不久，無問尔（你）正知。

鄰舍愛照故（顧），莫去偷來裡（哩）。有財愛暗塞，莫奔（分）賊子知。

頭生（牲）有銼（座）樑（爽）[9]，莫來就打死。病痛愛打揬，打揬有半理。

三下打四揬，一命就死死。不論係鄰舍，朋友係兄弟。

有人不使講，實在無道禮（理）。有錢愛借出，不敢亡（忘）恩義。

看菜來榜（傍）飯[10]，仰般个人意。好人个（個）个（個）在，壞人死淨居（佢）。

心理對口舌，水底行事裡（理）。田園并屋地，行般有線儀。

若要有福份，祖公有好地。葬在生龍口，代代出登基。

5　望樑：音mong liong˘，意指懸樑自盡。

6　過腳事：音go giog丶 sii，不名譽、遭人議論的醜事。

7　起勢：音hi丶 sii，事情的開頭。

8　戥真：音den丶 ziin／，凡事斤斤計較。

9　座爽：音co song丶，糟蹋或可惜。

10　傍飯：音bong丶 fan，配飯吃。

勸世是實言，莫怪羅漢地。造得勸解書，城（聲）世（事）蕩了裡（哩）[11]。
食（實）在為根本，勸孝愛和氣。莫笑字白水[12]，急事誰寫起？諸君看就知。
【抄本終】

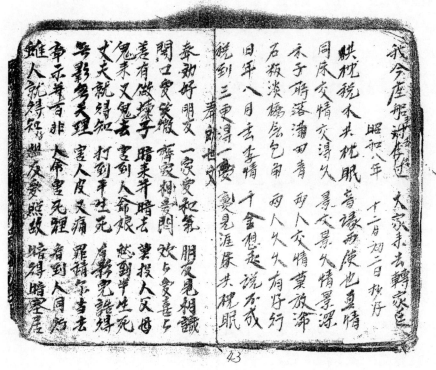

圖6：何阿信手稿〈奉勸世文〉部分內容

23.
何阿信抄本〈勸世文〉

　　此乃五言六句，一韻到底，十個聯章的勸世歌謠，這種體製的勸世文在客家文學中也是少見的。其內容在勸世間人：要報父母恩，要顧手足情，夫妻要同心，要敦親睦鄰，學手藝要堅心，買賣要公平，耕種要勞心，講話須謹慎，嫖賭莫去尋等。屬於一種綜合勸說。

　　一勸世間人，父母恩義深，食娘身上血，養大得成人，此恩若不報，天地不容情！

　　二勸世間人，兄弟手足親，莫聽婦人言，兄弟骨肉親，大家同協力，黃鐵變成金。

　　三勸世間人，夫妻愛同心，莫因小可事，言語怒上心，全家愛和氣，何愁家不成？

　　四勸世間人，近鄰丙（並）事（四）親，出入愛相見，做事愛認真，若有急難事，也愛左右鄰。

　　五勸世間人，手藝愛堅心，夜明（眠）須早起，有藝不愁貧，手藝做得好，到處人來尋。

　　六勸世間人，買賣愛公平，出入平秤斗，起頭有神明，各人手（守）本分，不可期（欺）騙人。

七勸世間人，耕種愛勞心，失頭愛去補，清早愛去淋，居家檢點事，來往看顧人。

八勸世間人，相交愛識人，講話須謹慎，切莫得罪人，錢財如糞土，仁義值千金。

九勸世間人，富貴愛耐心，閑事莫去管，嫖賭莫去尋，勤儉為第一，免至（致）[1]去求人。

十勸世間人，行事愛小心，愛行君子義，裡（理）當酬謝人，真正為根本，家和國大興。

【抄本終】

---

1 免致：音 mien ˋ zii，免得、避免。

24.
何阿信抄本〈十勸行孝勸世文〉

導 讀

此乃七言四句，十個聯章體的勸世歌謠，旨在奉勸為人子女者要孝順雙親。1970年1月美樂唱片曾發行〈十勸大家〉，編號HL-422 A面，由賴碧霞以【山歌子】演唱，讀者可參考。

內 文

一勸大家尔（你）愛聽，嫖賭兩事懷（壞）名聲，爺娘面前愛行孝，眾人都會傳名聲。

二勸大家愛聽真，少年做事愛認真，莫來孝（好）食又懶做，將來總係誤了身。

三勸大家愛相（想）長，串（賺）有錢銀敬爺娘，父母恩義都毋知，不孝父母罪難當。

四勸大家愛聽真，串（賺）有錢銀敬雙親，父母言語都不順，雷公專打歪心人。

五勸大家聽分明，百勸（件）頭路愛認真，父母面前愛行孝，一央（點）孝心上天廷（庭）。

六勸做人媳婦娘，做人媳父（婦）愛相（想）長，家娘面前愛行孝，丈夫面前愛商量。

七勸做人媳父（婦）時，做人媳婦愛規矩，家娘面前愛行孝，日後出有好子兒。

八勸大家子嫂儕，莫作是非乱（亂）冤家[1]，無影無跡[2]尔（妳）莫講，死到閻君刈（割）舌麻（嬤）[3]。

九勸大家後生哥，合（闔）家人等愛和腦（挼）[4]，父母面前愛行孝，廳堂交椅輪流坐。

十勸萬惡存為者，存心百行孝為先，孝順還生孝順子，許（忤）逆還生許（忤）逆兒，不信但看詹（簷）前水，夏（點）夏（點）落地不（無）差池[5]。

【唱本終】

---

1 冤家：音 ien↗ ga↗，吵架。
2 無影無跡：音 mo˘ iang↘ mo˘ jiag↘，喻本無其事憑空造作。
3 舌嬤：音 sad ma˘，舌頭。
4 和挼：音 fo˘ no˘，和睦相處。
5 差池：音 ca↗ cii˘，比喻失誤、不準確。

058

25.
何阿信抄本〈曹安行孝〉

導 讀

　　此七言聯章體的勸世文，內容在描寫潮州鬧飢荒，曹安殺子煮肉湯救母命，為差官知悉，轉告老爺，老爺將曹安孝行上奏朝廷，天子深受感動，召見曹安並封他為官。後來，曹安又生五子，五子登科，一門吉慶，曹安夫婦孝行名揚天下。讀者可和鈴鈴唱片KL513A、KL513B由劉蕭雙傳演唱的〈曹安孝娘親〉對照欣賞。

內 文

　　遠遠行來是仙方，曹安燒香在書房，來到堂前無別事，勸君早早好燒香。

　　燒香還有燒香福，夬（點）登（燈）還有夬（點）丁（燈）人，今年結下來生福，条（條）条（條）大路結四方。

　　勸說為人敬父母，莫學世上不敬娘，父母堂前不敬奉，何須死了動（痛）肝腸？

　　兒子堂前哀哀哭，閻王不肯放回陽，面前果品般般有，不見爺娘親口嘗（嚐）。

　　奉勸世間人兄弟，兄弟和時莫相欺，看見兄弟摎手足，又念同胞父母恩。

　　上和下睦名聲好，兄弟和時家興內，奉勸人家媳婦賢，敬奉丈夫如敬天。

　　昔日有名曹安孝，殺子奉娘身不輕，閑中論及諸君子，見說听（聽）唱古賢人。

　　且看堂前婆婆面，夫身是婆腹下生，丟下閒言休要唱，且唱殺子奉娘親。

　　二十四个（個）人行孝，曹安行孝勝（甚）高強，曹安住在潮州府，南華縣內是家鄉。

　　三四歲時娘帶大，六七歲時入孝（學）堂，先讀五經并論語，後讀詩書并文章。

　　十五六歲孝（學）堂滿，便請媒人娶妻房，娶得潮州蕪（蘇）氏女，安名叫（叫）做蕪（蘇）氏娘。

敬奉家娘待三載，忽然六甲在欺（其）身，六甲懷胎十个（個）月，生下一子答上蒼。

婆婆听（聽）得心歡喜，走出廳堂燒著香，一拜保佑媳婦健，二拜保佑小孩郎。

三朝把出廳堂看，看見孩兒笑洋洋，曹安把筆安名字，安名小孩喊回（茴）鄉（香）。

養了回（茴）鄉（香）待三載，不覺年來天大旱，五月十三落了雨，一向無雨到松（重）陽。

日裡南風吹到夜，夜裡南風吹到光，桸（排）[1]頭桸（排）尾都旱死，落洋有水曹（遭）虫（蟲）蝗。

日裡水車踏到夜，夜裡水車踏到光，曹安耕作十二担（擔），連有連冇[2]收半倉。

曹安家有十三口，餓死九口見閻王，連娘并子得四口，如今無米煮親（清）湯。

小（少）年食了就此可，老人食了好七（悽）惶，娘親便対（對）曹安說，幾多餓死罪難當。

男人三十六条（條）路，并無一条（條）救老娘，偃有金釵十二対（對），偃有衣裳十二身。

拿去街头（頭）換樵米，無人把米換衣裳，曹安拿去街头（頭）賣，多少換來煮粥湯。

東街賣到西街去，南街賣到北街亭（停），四處街坊都賣盡，無人把米換衣裳。

曹安無米多啼哭，仰得有米救老娘？曹安回轉家中去，眼中啼哭泪（淚）忙（茫）忙（茫）。

叫（叫）出蕬（蘇）氏來商量，夫妻商量救老娘，若係娘親身餓死，曹安臭名遠傳揚。

千般思想無計較，不知（如）殺子救老娘，曹安看見妻不肯，怒氣沖天罵一場。

尔（妳）肯把子如（予）我殺，夫妻孝順一双（雙）人，罵得蕬（蘇）氏無言答，眼中蹄（啼）哭泪（淚）深深（涔涔）。

把出兒子食飽乳，食食飽乳見閻王，三十年前得一子，如今殺子痛肝腸。

娘親叫（嗷）時爺也叫（嗷），搥胸頓足叫（嗷）回（茴）鄉（香），爺娘叫（嗷）子尤（猶）則可，子叫（嗷）爺娘見閻王。

1　排：音pai˘，山坡。

2　冇：音pang，指冇穀，穀粒空虛不實的穀子。

大刀夯（擎）來白如雪，小刀夯（擎）來白如霜，大刀夯（擎）來頭下刈（割），小刀夯（擎）來破肚腸。

只見曹安心便（變）毒，双（雙）手拿來出廳堂，提出回（茴）鄉（香）刀下死，只听（聽）一声（聲）見閻王。

破（剖）得回（茴）鄉（香）江河洗，洗出血水滿河江，破（剖）開回（茴）鄉（香）做四比（髀）[3]，先把一比（髀）去煮湯。

便叫（叫）蘓（蘇）氏來商量，速速燒火煮肉湯，煮得如（兒）肉七分熟，滿妹去奉老爺娘。

婆婆食得大半碗，還有半碗叫（叫）回（茴）鄉（香），媳婦勸婆都食了，廚下還有兩分張。

婆婆即時將言罵，媳婦說話不思量，今年絕粮（糧）米價貴，買肉有得己（幾）多長[4]！

媳婦听（聽）得婆婆罵，連忙近（進）前說言張（章），此肉還係回（茴）鄉（香）肉，此湯還係非（茴）鄉（香）湯。

婆婆听（聽）得媳婦說，丟下碗來氣一場，三歲孩兒正好養，八十公公命己（幾）長？

無子莫養別人子，未曾打罵走忙忙，養子還係親生子，目汁未燥叫（叫）爺娘。

少年之時容賜（易）过（過），老來無子甚悽惶，三十年前多快樂，八十人罵絕代郎。

曹安听（聽）得娘親罵，行前兩步勸親娘，無子千朝還有養，恐怕一朝無老娘。

曹安勸娘都未了，听（聽）見黃犬吠忙忙，曹安行出門前看，三年里長追錢粮（糧）。

請進里長廳堂坐，便叫（叫）蘓（蘇）氏煮茶湯，蘓（蘇）氏廳堂無茶酌，就拿一盞煮兒湯。

里長食了開口說，曹安賴販（賬）不還粮（糧），三年錢粮（糧）都不納，閒錢買肉來煮湯？

曹安便乃將言說，里長听（聽）我說言章，老母今年八十歲，將兒殺死奉老娘。

里長若係尔（你）不信，請進廚房看肚湯，東片廚下有頭輕（頸），西片廚下有肚

---

3 四髀：音 xi bi ˋ，分成四大塊。

4 長：音 diong ˇ，剩餘。

腸。

里長看見心驚怕，手拿雨傘（遮仔）走忙忙，走到己（幾）个（個）無名山，走過己（幾）个（個）無名嶺（嶺）！

走過上村不（毋）敢講，走過下村去商量，曹安錢粮（糧）不（毋）敢討，我如（予）曹安有官方。

即寫手本府中去，知府看秉甚分明，只有曹安行孝順，即詩（時）寫本奏君王。

君王取奏前來看，看見表章甚悽惶，天下都有行孝順，豈肯殺子奉親娘？

曹安錢粮（糧）解要轉，解回曹安救我娘，封他曹安有官識（職），前呼后擁出街方（坊）。

高官大識（職）人欽敬，先貧后富人傳揚，男人斈（學）得曹安好，天地几（幾）对（對）富貴郎。

女人斈（學）得蕨（蘇）氏女，夫妻孝順日月長，一朝榮耀登王閣，富貴榮華遠傳揚。

天下為有曹安孝，免得潮州一府粮（糧），後來曹安生女（五）子，五子登科受皇恩。

夫婦曹安多孝順，許（忤）逆還生許（忤）逆兒，孝順還生孝順子，曹安孝順夫婦身。

唱尽（盡）一本行孝順，傳聞天下讀書人，放克[1]晉（普）予千人看，萬古流傳到如今。

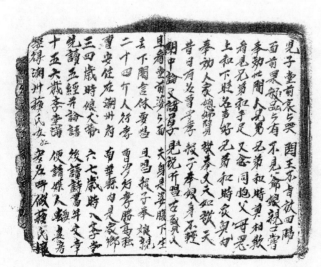

圖7：何阿信手稿〈曹安行孝〉部分內容

---

1 放克：「讓」之意。

26.
何阿信抄本〈十三想甫（瞙）[1]目歌〉

導　讀

所謂「瞙目」就是瞎眼。此乃七言四句十二個聯章的勸世歌謠，旨在敘述瞎眼的艱辛：不容易找到理想對象、走路不方便、看不到親人的面貌、被人取笑等。

內　文

一想甫（瞙）目涯（偓）就愁，毛（無）个（個）女子到床頭，三餐食飯人峽（挾）菜，已（幾）多暗切在心头（頭）！

二想甫（瞙）目真可連（憐），毛（無）个（個）妹子在身边（邊），高明先生算張節，怪得自己病症難。

三想甫（瞙）目真崩（奔）波，行路踏抵（低）又踏高，一對目珠春（伸）[2]一隻，命中押（壓）到（著）仰奈何！

四想甫（瞙）目真冤枉，也有高崁并崩江（岡）[3]，今生做該过（過）當事[4]，前生燒了倒頭香[5]。

五想甫（瞙）目真可連（憐），出门（門）三步愛人牽，前生做該即（積）惡

1　瞙目：音pu丶 mug丶，瞎眼。

2　伸：音cun／，剩餘。

3　崩岡：音ben／ gong／，懸崖。

4　過當事：音go dong sii，意指傷天害理之事。

5　倒頭香：音do teuˇ hiong／，倒插的香。

事[6]，今生仰得出头（頭）天？

六想甫（暯）目命真涯（歪），今生仰般青（淨）發（罰）涯（偃），前生做裡（哩）歪善事，毋煨（會）担（擔）來不（毋）煨（會）棍（挍）。

七想甫（暯）目也係真，看人不（毋）識听（聽）聲音，唔（毋）得六親想（相）見面，見面不（毋）識不（毋）知人。

八想甫（暯）目真崩（奔）波，出门（門）三步用壁毛（摸）[7]，又毛（無）子姪來牽帶，大命押（壓）到（著）無奈何！

九想甫（暯）目真間（艱）辛，出门（門）三步羅求人[8]，求到（著）六親完（還）过（過）得，求到（著）別人也閒情。

十想甫（暯）目真可連（憐），涯（偃）今出门（門）來串（賺）錢，一个（個）銅錢三枭（點）汗，仰得歸家得團圓？

十一想甫（暯）目毛（無）天里（理），自己物（慍）氣無人知，庄中大人來问（問）到（著），細人看到（著）笑西（嘻）西（嘻）。

十二想甫（暯）目真可連（憐），涯（偃）今出门（門）來串（賺）錢，任與[9]都有人抽籤，借歇兩事实（實）在難。

【抄本終】

6 積惡事：音 jid、og、sii，缺德的事。

7 摸：音 mia ✓，用手接觸或撫摸。

8 羅求人：音 lo˘ kiu˘ ngin˘，麻煩、請求到他人。

9 任與：音 im i、雖然。

27.
何阿信抄本〈勸世文〉

導 讀

　　此乃四言，一韻到底，不分章的勸世歌謠，這種形式和內容都是很稀有的，故倍覺珍貴。

　　其內容旨在告誡諸君，「臺灣婦人，恰似妖精。不論老實，不論精靈。不顧體面，不知六親。父母同漢，母子私情。」觀其內容應是早期先民渡海來臺時曾上過臺灣婦人的當，對臺灣婦女留下很壞的印象，故造出此勸世文告誡來者，切莫尋花，賺有錢財，要寄錢回鄉奉養雙親；賺有錢財，要娶個良家婦女。

內 文

　　奉勸諸君，聽我言因。士農工商，各立經營。

　　為（唯）有花街，不可去尋。如何見之？請道其情。

　　臺灣婦人，恰似妖精。不論老實，不論精靈。

　　不顧體面，不知六親。父母同汗（漢），母子私情。

　　兄嫂共枕，叔嫂共眠。當下交著，總難脫身。

　　日夜打伴，過庄過縣。爺娘教治[1]，無耳聽真。

　　丈夫打罵，也係閒情。看見男人，歡喜在心。

　　口甜舌謂（滑），拐出膟脛[2]。眼箭[3]丟來，透入骨筋。

　　君子看見，羞治（恥）為心。寒毛滿面，冷汗滿身。

1　教治：音 gau cii，教導、教訓。

2　膟脛：音 ienˇ gang，狗腿。

3　眼箭：音 ienˋ jien，拋媚眼。

實在還處（醜），喂（會）嫪（撩）裏人。貪花郎子，就起媱心。

線索用路，百計求人。錢銀準[4]水，就托（託）梅（媒）人。

講得甘願，相好交情。百事體過，實在是真。

婦人假乖，如獲保（寶）真（珍）。粧（裝）模作樣，又不應承。

推三拖四，弄假成真。初交之時，所說真心。

同生同死，總偄兩人。當初發誓，不同[5]別人。

百年偕老，盡發在身。當天註（咒）誓，如鼓瑟琴。

錢銀無論，總愛長情。零星使用，大折世情。

別項莫使，打伴（扮）妹身。交甲（佮）別人，一定也（野）心。

過得己（幾）次，又有一因。絲綢裌子，績緞滿身。

綢裙緞襖，各樣新興。簪子头（頭）托，耳鑲（環）烏巾。

手鈪扁答，項事戥真。項事齊備，實在有情。

當人百眾，好見朋鄰。衣衫破爛，喂（會）羞死人。

哥前哥後，答肉答心。烟袋肚兜，奉送郎身。

實在講出，莫怪無情。十項無一，說出無心。

婦人自嘆，冷送郎送[6]。唔（毋）知妹子，現時有心。

口對哥講，心想別人。一下無錢，變出他人。

開聲合句（脣），就喊斷情。暗夜去到，惹貨（禍）上身。

他人漢子，便係夫身。粧（裝）模作樣，喂（會）嚇死人。

來往日久，丈夫知情。被他捉去，求乞容情。

愛來殺死，性命歸陰。毛鞭不割，現打一身。

朋友問倒（著），無面見人。李（這）路不行，改告（過）從新。

婦人不（毋）願，生死註定。他漢無來，丈夫知情。

食他錢銀，口去罵人。不知痴漢，對打良心。

步步闖闖，又想復情。妹子不（毋）講，暗怒傷心。

推三托（拖）四，想愛復情。錢銀打鬪，妹喂（會）軟心。

4　準：音zun丶，當作。

5　同：音tung˘，私通、外遇。

6　冷送郎送：音lang˘ sung long˘ sung：「冷」、「郎」為音近諧音字，意指一派輕鬆的樣子。

手頭幫（繃）伯（擘）[7]，東借西尋。名節不留，瀉身辱親。

總愛過手，好接老情。唔（毋）知錢了，依舊變心。

契弟契督[8]，慘過別人。想起發誓，都係無靈。

早知悔（費）氣，難得轉身。一無所有，嘔血功（攻）心。

腰鉗（拑）背釣（吊）[9]，依配他人。勸你諸君，加（較）早復心。

莫怪妹子，改過從（重）新。當今男子，不及婦人。

想起無味，有錢有情。錢銀使了，也不留人。

得病之時，馬（麼）人有情？日後記（既）死，香爐絕身。

奉勸世上，不可去尋。奈人不（毋）何，暗計害人。

看人行事，有意無心。老情去到，喂（會）嚇死人。

放火燒屋，捕殺仇人。一時殺死，害到自身。

田園賣盡，總係鄉鄰。官府捉去，拷打受形（刑）。

從公辦罪，王法無情。所為何事，捨命歸陰。

當今男子，為一婦人。勸你痴漢，謹記在心。

成家立業，正係正營。先前依后，方可為人。

不除不戒，自誤終身。有妻不顧，孤枕獨眠。

小時浪蕩，到老單身。有日得病，起（舉）目無親。

此時來台，也係閒情。這兜婦女，如此害人。

不念今日，也念前情。當初發誓，神明有靈。

三牲來敬，紅布彩巾。功曹使者，轉奉天廷（庭）。

玉帝敕旨，降下雷神。即時現報，打死婦人。

豬（豬）施（拖）狗苟（狗）狗（擘）[10]，無人收成。死到陰司，定作（做）罪人。

閻王審問，陽間害人。吩咐鬼卒，割皮抽筋。

打落酆都，永不追身（生）。如此所為，天地有靈。

勸你男子，改過從（重）新。安分守己，不可□被。

亡家敗國，就是婦人。看見臺地，不實世情。

---

7 繃擘：音bang╱ bag╲，身邊無錢，生活困頓。

8 契弟契督：音kie ti kie dug╲，乾弟乾弟的叫得非常親熱，其實是奸頭關係。

9 腰拑背吊：音ieu╱ kiam╲ boi diau，形容勞累不堪，無法站得很直的樣子。

10 豬拖狗擘：音zu╱ to╱ gieu╲ bag╲，罵人死後屍體沒人料理，而被野獸分食。

來臺十載，四海經營。習讀時（詩）書，勸解世人。

莫捍（管）閒事，勤做成人。錢銀賺（賺）倒（著），為家奉親。

勤儉靠（較）營，好來討親。或人家女，□二婚親[11]。

有錢討過，免至（致）單身。無憂無慮，永無掛心。

逍遙自在，快樂終身。諸君有忘（望），子思認真。

□□詞佑，一片冰心。閒時習讀，當過[12]唸經。

【抄本終】

---

11 二婚親：音 ngi fun╱ qin╱，再婚。

12 當過：音 dong go，勝過。

28.
《新埔鎮誌・花燈勸世文》

導讀

　　此乃四言、五言、六言、七言詩夾雜的勸世歌謠，出於錦瑞香餅舖提供，《新埔鎮誌》頁731-732的作品。方志中會著錄勸世文的不多，而《新埔鎮誌》會著錄誠屬可貴。新埔花燈歷史最古，最具特色。花燈遊行，全鎮沸然，其中燈籠景閣周圍有客語對聯詩句，不乏信手捻來出口成章者，嘻笑戲謔，雅俗共陳，讚賞、嘲諷不一而足，為新埔獨創，亦為客家文學珍寶。

　　此勸世文首敘新埔花燈造型：姜尚收妖怪，梨花收伏薛應龍，昭君和番，關公過五關斬六將，賣油郎獨占花魁，乾隆君遊蘇州，九天玄女賜天香，鐵拐弄仙姑，火燒紅蓮寺，劉秀斬西宮，幽王寵褒姒，陳琳救主等。次說男女老幼看花燈的歡愉情景。最後勸勉觀眾花燈散後，各人回家從事業，要緊守本分。

　　綜觀此歌詞，一韻到底，時而四言，時而七言，時而六言，時而五言，抑揚頓挫，文辭優美，誠為一佳作。讀者當細細品味。

內文

　　西年春季喜相逢，慶祝花燈最有功，聖駕恭迎添錦閣，花燈到處不相同。

　　原來花燈事，娛樂在其中，賞景多快樂，庄中好年冬。

　　燈光火樹銀花合，夜間真如白晝同，爭奇鬥巧千變化，不知勝負在西東。

　　看來花燈三大要，晴天無雨並刮風，又愛機會期日好，團結同心定成功。

　　花燈賽錦閣，大鼓準雷公，眾仙下來看，打開南天門。

　　看見臺灣花世界，自古花燈係車龍，傳來花燈新埔賣，旋轉機關閉英雄，迎出姜尚收妖怪，梨花收伏薛應隆（龍）。

迎獅又迎象，迎鳳又迎龍，迎出昭君和番去，五關斬將係關公。

賣油郎花魁占[1]，遊蘇州乾隆君，九天玄女天香賜，樵仔問答對漁翁。

世真下天界，奇術喂（會）騰空，大聖戰鯉精，孩兒吊空中。

又有鐵拐仙姑弄，新樂綢旗艷艷動[2]，火燒紅蓮寺，劉秀斬西宮，做出幽王弄褒姒，陳琳救主大英雄。

觀客人千萬，男女笑容容，遠來人不怨，看得係有功，火車並自動，各處有相通。

好景才人迎好客，花街妓女賽花容，名妓新曲高聲應，窈窕淑女出閨中。

八十婆婆，九十公公，看得花燈添福壽，迎來出出[3]無相同。

來有青年歸臺北，講起愛人轉臺中，二人戀愛難分別，對答英語十分通。

情切切，意濃濃，攜手攀肩笑容容，男像牡丹樣，女係玉芙蓉。

天長地久結成雙，講倒（著）眉開眼又笑，恰似嫦娥跳入廣寒宮。

逍遙自在，快樂天宮，朋友轉宜蘭，姐妹轉高雄。

好景一時觀不盡，新聞記者列二通，全島人稱贊，名聲上廣東，迎來百福，掃去邪風，迎燈謝燈，有始有終。

各人歸家從事業，後有機會再相逢，奉勸大家為善事，看破紅塵一陣風。

天也空來地也空，人生渺渺在其中，榮華富貴容易過，修煉花燈學仙翁。

【刊本終】

---

1 賣油郎花魁占：音 mai iuˇ longˇ faˊ kuiˇjiam，「賣油郎獨佔花魁」的倒裝。《賣油郎獨佔花魁》是明朝小說家馮夢龍短篇擬話本小說，收錄在小說集《醒世恆言》。它講述才貌雙全、名噪京城、稱為「花魁娘子」的名妓莘瑤琴，最終嫁給了做小本生意的賣油郎秦重的故事。這篇小說後來多次被改編為劇本、電影等。

2 艷艷動：音 iam iam tungˊ，隨風搖曳。

3 出出：音 cudˋ cudˋ，一齣戲本作「一出戲」。

29.
《梅州文獻 · 十二歸空》

導 讀

此乃七言四句十二個聯章的勸世文，一韻到底。原為大陸梅州文獻，刊登於謝樹新《客家民謠薪傳》第 7 集（1981 年 12 月，頁 13-14）中。歌者藉著歷史上的名人，如：釋迦牟尼、孔子、顏回、彭祖、文種、石崇、蕭何、楊令公、李廣、項羽、韓信等，他們都曾顯赫一時，但是大限來時也是歸於空寂，勸勉世人要看破名利。讀者可將它與黃榮洛〈客家歸空歌〉、楊玉蘭〈十歸空〉、洪添福〈十歸空〉一併閱讀。

內 文

第一釋迦梵王宮
修身悟道雪山中
丈六金身修得道
涅盤台上也歸空

第二孔子在魯中
教訓徒弟滿西東
天下文章為第一
無常到來也歸空

第三顏回肚玲瓏
百般書卷盡皆通
總是聰明多折壽

年登四八也歸空

第四年高彭祖翁
八百餘年在朝中
三十六宮七十子
壽終無子亦歸空

第五文種老相公
百般巧計在朝中
征伏（服）西番來進寶
越王不納也歸空

第六豪富是石崇
堆金積玉好門風
閻王不愛你財寶
有朝一日也歸空

第七蕭何老相公
造定法律在朝中
順妻逆母法何在
一刀自斬也歸空

第八征番楊令公
父子八人逞英雄
六郎把守三關口
蓋世英雄也歸空

第九李廣好神弓
射得金鳥（烏）落井中
十個日頭射落九

收弓罷箭也歸空

□□□□□□
□□□□□□
行到烏江無船渡
回頭自刎也歸空

十一韓信在朝中
戰退霸王立大功
害死漢家臣一統
漢王不納也歸空

十二寵臣在朝中
為官為爵有古風
若遇興兵來對敵
盡忠盡孝也歸空

【刊本終】

30.
黃榮洛〈客家歸空歌〉

導讀

　　此乃黃榮洛〈介紹幾首客家山歌詩詞・下〉刊登於《客家雜誌第48期》（1994年5月，頁55）的歌詞。這是七言四句，一韻到底二十二個聯章的勸世文。原始的〈十歸空〉只有十章，無疑地，此〈客家歸空歌〉是後期的作品。內容藉歷史上的人物：（1）釋迦（2）彭祖（3）孔子（4）李廣（5）石崇（6）董永（7）楊令公（8）項羽（9）秦始皇（10）韓信（11）關公（12）孔明（13）尉遲恭（14）薛仁貴（15）李存孝（16）陳琳（17）鄭成功（18）唐景崧（19）袁世凱（20）黎元洪（21）孫文（22）張作霖等二十二的事蹟，說明四大皆空的道理。末六位都是近代的人，可見此作品後人增益的痕跡。

　　讀者可將它與梅州文獻〈十二歸空〉、楊玉蘭〈十歸空〉、洪添福〈十歸空〉一併閱讀。

內文

第一釋迦梵王宮
修行判（盼）道雪山中
丈六金身成正果
送（誦）經到處亦歸空

第二壽高彭祖公
八百餘歲亦難逢
四十九妻五四子
臨終無子亦歸空

第三魯國孔子公

五經六藝盡皆通

教訓三千從弟子

閻王定就亦歸空

第四李廣飛射弓

能射烏金[1]在海中

十個烏金射落九

放了弓箭亦歸空

第五豪富是石崇

堆金積玉好門風

閻王不守（收）他財寶

一旦無常亦歸空

第六孝子董永公

天災（差）仙女結成雙

結起綾羅反平暮（墓）

登雲駕霧亦歸空

第七征番楊令公

七子救駕甚威風

征退番蠻十八洞

保盡江山亦歸空

第八英雄楚霸王

拔山之力自難當（擋）

來到烏江帶人渡

把（拔）劍自刎亦歸空

---

1 烏金：音 vuˊ gimˊ，指太陽。

第九皇帝秦始皇
焚書滅儒好驚惶
造得長城高萬里
保盡江山亦歸空

第十韓信十大功
登台拜將甚威風
十大功勞都帶去
後遭呂后亦歸空

十一英雄是關公
桃園結義是英雄
過了五關斬六將
敗了麥城亦歸空

十二才略孔明公
能造萬箭請東風
能知前後十八年
火燒葫蘆亦歸空

十三唐朝尉遲公
單鞭救主逞英雄
手執金鞭來救主
時到鞭斷亦歸空

十四征東仁貴公
坭河救駕甚英雄
殺退司（蘇）文來救主
白虎堂上亦歸空

十五義子巡（存）孝公

十三太保賽英雄

征退黃巢歸天堂

九牛分屍亦歸空

十六忠臣陳霖（琳）公

振（仗）義救主位（為）國忠

十八年前仇來報

大笑三聲亦歸空

十七方略鄭王公

來開台灣殺英雄

取了玉印收兵轉

祠王註定亦歸空

十八忠義撫台公

把守台灣定國中

乙未年今世亂平

大限到頭亦歸空

十九英雄世凱公

把守三關為總統

五十四妻半天子

無常一到亦歸空

二十好漢黎元洪

把守光緒為總統

百萬家財為莖王

年齡該壽[2]亦歸空

2　年齡該壽：音 ngien˘ lin˘ goi╱ su，指壽年該終。

廿一孫文是能翁

口筆兩利在府中

天年不復也閑（閒）情

鐵桶江山亦歸空

廿二東北作霖公

把守奉天為總統

百萬家財謀天下

途中炮彈亦歸空

【刊本終】

乙

勸世文唱本

1.
蘇萬松〈大舜耕田〉

導 讀

此乃美樂唱片HL202，1969年02月再版，由蘇萬松（1899－1961）演唱之說唱作品。

蘇萬松別名蘇州府，苗栗縣西湖鄉三湖村人，是大家公認的臺灣客語說唱祖師爺，他以特有的【平板・蘇萬松腔】，以小提琴自拉自唱勸世文，到各地客家庄做「撮把戲」兼賣藥，非常受到客家人歡迎。他不但培養邱阿專、羅石金、賴碧霞等後進，也是第一批到日本灌錄唱片的藝人[1]之一。他的作品有：

1、報娘恩、青年行正勸改（改良鷹標Eagle，編號19？？？；二版黑利家，編號T-92）

2、蘆花絮（改良鷹標（Eagle），編號19？？？；二版黑利家編號T-95）

3、孝子堯大舜（其一）（其二）（古倫美亞，編號80208）

4、孝子堯大舜（其三）（其四）（古倫美亞，編號80209）

5、孝子堯大舜（其五）（其六）（古倫美亞，編號80210）

6、孝子堯大舜（其七）（其八）（古倫美亞，編號80211）

7、阿片歌（上）（中）（古倫美亞，編號80228）

8、阿片歌（下）、奉勸青年去邪從正歌（古倫美亞，編號80229）

9、救母菩薩（一）（二）（古倫美亞，編號80254）

10、救母菩薩（三）（四）（古倫美亞，編號80255）

11、兄弟骨肉親（黑利家，T-176）

---

1 日治時期到日本錄製唱片的除了蘇萬松外，還有林石生、范連生、何阿文、何阿添、黃芳榮、巫石安、彭阿增等；唱片內容有八音、勸世文、亂彈戲、小曲、採茶戲等。讀者可參閱楊寶蓮：《臺灣客語說唱》頁416-423附錄四〈李坤城『臺灣音樂資料庫』收藏日治斯期客家唱片總目錄〉。

據說他常往返大陸帶回許多歌本。由他的作品也可知，他說唱的內容大都跟「二十四孝」以及勸世文有關。

此唱本內容描寫大舜喪母，父親續絃，後母存心不良欲獨吞家產，乃趁著先生外出家鄉之際，命令大舜去池塘採蓮，欲置大舜於死地，幸好老家僕聞知，即時趕來阻擋。蘇萬松在日治時期（1895-1945）期間曾為古倫美亞錄製《孝子堯大舜》（其一～其八），讀者可將兩者互為參考。

內 文

大舜　說：想人生在世不能十全之久，想我牛家與大舜家財萬貫。咳！母親別世棄了於我，父親聽了王婆之言，討轉後娘入了我家鄉，受了後娘種種之苦，咳！我姊妹何日得春光了哩？

舜妹　唸：【蘇萬松腔】

　　　〔想起〕（na）做（na）人（li）〔前人个〕子[3]女〔个〕恁〔个〕難（li i），

　　　幾多〔斯〕辛（i）苦（ua）〔正來个〕無人〔个〕知（li），

　　　食盡（na）幾（na）多（li）〔後娘斯〕臭面〔个〕飯（li），

　　　聽盡〔斯〕幾（li）多（ua）〔後娘斯〕冷言語（li i）。

大舜　唸：【平板雜唸仔】

　　　想起〔斯〕做人〔个〕前人子〔正來个〕恁難哩，幾多〔个〕辛苦〔个〕無人知，壁頭〔就〕壁背，自家想著就險偷嗷，翻頭並想起，自家想著就險偷

2　楊寶蓮：《臺灣客語說唱》頁90-93。

3　前人子：音qienˇ nginˇ ziiˋ，後母對前妻的所生的小孩的稱呼。

嗷，睡著〔斯〕三更半夜〔斯〕心頭血火思想起，思想〔斯〕做人〔个〕恁難哩，怨得〔斯〕母親〔个〕來早死，今日正會恁慘悽，食得〔斯〕飽來〔个〕人愛打；食得〔个〕少來肚又飢，想我父親〔个〕出門去，目汁偃就雙（li）雙（ua）〔正來〕淚淒淒（li）！

大舜　說：咳！想起父親前出他鄉外省而去，賢妹！偃姊妹來在屋家，母親說个言語就〔該〕順佢，毋堵好等一下分吾後娘來受氣，偃姊妹被佢來拷打，總係慘了（li i）！

舜妹　說：咳！做人个後娘聽偃來勸化，麼人个模樣都好學，定著不可學我母親去了（li i）！

舜妹　唱：【蘇萬松腔】

一來（na）勸（na）化（i）〔正來个〕〔做人个〕後哀人（li i），

做人〔正〕後（li）哀愛平（a）心（li i），

莫〔來〕（na）自家〔个〕子〔正來个〕惜佮心（li i），

前人〔斯〕子（ni）女（a）準作牛馬一般騎（li i）。

舜妹　唸：【平板雜唸仔】

勸化世間做人个後娘人，萬點愛平心，越奸越巧〔斯〕越貧窮，奸奸（來）巧巧，〔正來个〕天不（ua）容，做事〔來〕在人，主事〔來〕由天，越奸越巧是越貧窮，奸巧兩事是天地就不容（a）情！做人〔斯〕後哀〔斯〕愛平心，毋好〔斯〕自家子惜佮（a）心，前人〔斯〕子女準作係他人，朝朝晨跐（a）起床，罵大〔斯〕合罵小，一張嘴瀾瀾〔斯〕嘎嘎[4]嘎無（na）停，比上〔斯〕比下無好比，可比〔斯〕齋公（li）阿彌陀佛（a），鏗鏘來誦經（li i）！

後娘　說：我續不是於他，我乃六舍之後娘正係，想吾丈夫前出他鄉外省而去，到今已數月未曾而回，家中放下，全了是吾權利，想起前母降下一男與女，偃帶下一子名喊做象兒。想了牛家家財萬貫，用它何了妙計來暗害大舜？大舜若被我來害死，百萬家財歸我象兒了。在房中想下一計，罷了。

後娘　唱：【蘇萬松腔】

自在〔个〕（ia）房（a）中（li）〔正來个〕想個長（li i），

4　瀾瀾嘎嘎：音 lam ˇ lam ˇ ga ga，嘮叨不停的樣子。

　　　　　想下〔斯〕一（li）計（ia）〔暗〕害〔就〕大舜郎（ng），

　　　　　大舜（na）一（li）命（li）〔被我斯〕來害死（li i），

　　　　　半食〔斯〕半（ni）餓（a）心也涼（li i）。

後娘　說：啊！有了！自在房中想下一計，看了六月蓮花當盛而開，命了大舜前到池塘採蓮花而去，大舜若順言領語，將佢一命被我來暗殺而害死，大舜若不領言受語毋去，將後尾大棍擎等來去，罷了，大舜在此哪裡？

大舜　說：佢在書房讀了詩書，聽知外面母親喊了一聲，兩片目珠皮合合扯[5]，毋知為了何等事情（li i）？

舜妹　唸：【蘇萬松腔】

　　　　　一步（na）行（le）來（li）〔正來个〕兩步往（li），

　　　　　行出〔斯〕廳（li）堂（a）〔正來〕見吾娘（ng）。

大舜　說：母親在上，子兒有禮，母親喊子前到廳堂有何事情對子商量是嗎？

後娘　說：咳！大舜哪！大舜！我想你父親前出他鄉外省數月之久，未曾有回來，你母親在家每日思思念念你父親之心，心中十分不安於了，想看池塘中个蓮花，喊你大舜前到去採，你意下如何？

大舜　說：咳！母親哪！母親！這你說話就〔斯〕有差了（li）！憶起我母親別世而亡，以早以早，佢个家鄉，親親我娘，一來你嘛念著水深萬丈；二來你嘛念著父親前出外鄉；三來念著數段高橋，母親，子兒仰得著蓮花到來（li）？

後娘　說：啊！大舜哪！大舜！你个不孝故罪於了，君愛臣死，臣不死呢？

大舜　說：咳！母親哪！子有不忠之罪！

後娘　說：該母愛子死，子而不死呢？

大舜　說：咳！母親哪！母親！子有不孝之罪。

舜妹　唸：【蘇萬松腔】

　　　　　泣別（na）大家（a）〔人〕〔正來个〕佢來死（li），

　　　　　命歪〔斯个人〕大舜我來死（li），

　　　　　想起〔斯〕為人恁慘悽（li），

　　　　　目汁雙雙（li）〔母親〕（na）〔个來〕淚漓漓（li i）！

大舜　說：皇天哪！皇天！想我大舜為人就忠孝之子，甘願池塘來別世而死，不願我母

5　目珠皮合合扯：音 mug ˋ zu ˊ pi ˇ gab gab cad ˋ，眼皮直跳，指不吉祥的前兆。

親手下而亡。鳳蓮！真是做人大舜萬世是郎當[6]（li i）！

舜妹　唸：【蘇萬松腔】

〔想㑇〕（na）大（a）舜（li）為人〔个〕恁慘悽（li i），

做人世細正來半生死（li），

兩腳跪落（li）〔正來个〕淚淒淒（li i），

〔望㑇个〕母（ua）親（na）帶子〔个〕落陰司（li i）。

大舜　唸：【平板雜唸仔】

想起〔斯〕大舜〔斯〕恁可憐，天地日月〔來〕三光，你愛做證明，兩腳〔斯〕跪落〔斯〕拜別吾（ia）父親，㑇〔來〕係為人（ia）忠孝子，死㐒〔个〕無要緊，你愛〔斯〕保護〔个〕吾父親，身體康健〔斯〕平安食百二，過日〔个〕無事（a）情；再保佑，㑇个〔斯〕老妹〔斯〕出頭做成人，嫁〔來〕個好丈夫，黃泉路（ua）上㑇安心。

大舜　說：咳！想㑇大舜若是青天白日來死，果然天地神明也有不甘之意，想我青天白日在此來死，全然無人所知，㑇邊邊前來花園，對我賢妹講出幾句言語，倘若㑇若死㐒，喊㑇个賢妹邊邊跈了阿姨，免再受後娘苦毒，父親若轉屋，詳細喊佢秉了父親知，將我自身走哇了！

舜妹　唸：【蘇萬松腔】

一步（na）行（a）來〔正來个〕兩步往（li i），

將身〔斯〕行（li）到（ua）花園（na）上（a），

〔將〕㑇个情（na）由（li）〔正來斯〕對〔㑇个賢〕妹講（li），

好來〔就〕告（na）別（a）〔正來〕落漁塘（ng）。

大舜　說：咳！不覺行到於此，就是花園邊上裡了，待我停下腳步來喊了賢妹，賢妹在此哪裡？

舜妹　說：咳！在了這花園淋花，聽了外面人喊聲，待我停下了腳步於行，聽見外面聲我哥哥於了，哥哥在此，有何事情對哥哥講出，看了哥哥雙眼淚啼，未知係哥哥是了於何意？

大舜　說：咳！賢妹呀！賢妹！事情不好了，你哥哥性命是有休，今日後娘在店中喊了你哥哥到了池塘而去，想㑇一命嗚呼了。

6　郎當：音 long˘ dong↗，用以比喻不務正業而游手好閒。

咳！賢妹定可不可多來哭灘灘，將身㑷來告別前到池塘採了蓮花而去，姊妹在此雙雙而噭，被了母親來看著，將我食罪你也不起，賢妹，㑷若死忒，你愛快快跈了阿姨，父親轉來，明明細細秉了父親知，講這言語，句句你愛紙包起[7]了哩！

舜妹　唸：【蘇萬松腔】

〔賢妹（na）我（a）〕言語（ni）你愛〔斯〕紙包〔个〕起（li i），

你哥〔斯〕別（li）世〔你來个〕莫哭啼（li i）！

三餐〔个〕菜（a）飯（li）〔你愛斯〕食〔來个〕飽哩（li i），

病痛〔斯〕該央時[8]麼人〔來〕款待你（li i）？

大舜　唸：【平板雜唸仔】

賢妹！〔斯〕我言語你愛〔斯〕紙（a）包起！㑷若別世來了死，你愛堅強合憑依，的確〔斯〕莫來多淚淒，怨得㑷兄長來命〔來〕短，一心來〔了〕（ua）死，的確〔斯〕賢妹你多了解，㑷若別世過了「亡」，腳尾下，你愛同㑷兜了腳尾飯，年節五節愛來敬，免得㑷在陰間呀，賢妹，會來做了枵鬼來餓死（li i）！

家僮　說：嘿嘿，㑷毋係別人，㑷有財老家僮正係，好哇聽知㑷个外面㑷个大舜公子郎㧡小姑娘噭茫茫，講毋知有麼个事情，㑷遽遽來去看。好哇！大舜公子㧡小姑娘，你兩儕在該啼啼，毋知有麼个事情？

大舜　說：咳！老家僮，你知麼？想著吾後娘在店裡無理，喊㑷前到池塘採了蓮花而去，我想我性命穩死了！

家僮　說：啊！公子！公子！毋使掛意，㑷遽遽前到廳堂勸話你个後哀娘！走了！請！

家僮　唱：【蘇萬松腔】

一步（na）走（na）〔正个〕來（li）〔就來个〕兩〔个〕步往（li），

往到〔斯〕牛（ni）家（li）〔正來个〕家堂上（li），

兩手（na）牽（no）起（i）〔正來斯〕頭家（a）娘（li），

坐落〔斯〕凳（ne）中（a）〔正來个〕來商量（na）！

家僮　唸：【平板雜唸仔】

勸話頭家娘，事情〔斯〕的確聽㑷來商量，你毋好苦毒〔斯〕㑷个大舜公子

7　紙包起：音 ziiˋ bauˊ hiˋ，保密之意。

8　該央時：音 ge iongˊ siiˇ，那時。

　　郎，來喊佢落啊漁塘，毋堵好，兩腳〔斯〕踏空啊來跌亡，看啊𠊎个頭家來轉屋，你愛〔斯〕仰般同佢講？

後娘　唸：【平板雜唸仔】

　　長年鬼！愛做事，遽遽去！家中个事情〔个〕無了你代誌[8]，等下〔斯〕撩著〔斯〕你个祖婆个〔斯〕心火起，分𠊎大棍擎出你就知死！

家僮唸：【平板雜唸仔】

　　孤盲嬤！夭壽嬤！老草鞋爬！〔正來〕火車嬤[9]！一個月𠊎〔來斯〕賺你个兩三箍，聲聲句句你〔來斯〕敢講愛打，分你个祖公心火來大爆，頭路𠊎若毋食若，𠊎个〔斯〕殘棍[10]大過你个〔斯〕aˇ da maˋ[11]。

【唱本終】

圖8：1959年，蘇萬松唱片封面照片。
　　（彭文銘先生提供）

8　代誌：閩南語詞彙，指事情。

9　孤盲嬤、夭壽嬤、老草鞋爬、火車嬤：音goˊ moˊ maˇ、ieuˊ su maˇ、loˋ coˋ haiˇpaˋ、foˋ caˊ maˇ，都是罵女人的三字經。

10　殘棍：音linˋ gun，男人的陰莖

11　aˇ da maˋ：日語詞，指頭。

2.
蘇萬松〈勸孝歌〉（上、下集）

導 讀

　　此乃1960年，由美樂唱片HL203出版。是蘇萬松生前最後一張作品。據彭文銘先生表示，那時的蘇萬松已是健康亮起紅燈了，故作品和日治時期的大異其趣。此作品以【平板】、【平板雜唸仔】為基調；日治時期的作品以【蘇萬松調】為基調。前者較溫和，後者較悲涼，讀者可慢慢品味。

　　此內容是藉著一年中一月至十二月的各種植物生長，見景生情，再三奉勸世人要孝順雙親。讀者可將它和楊寶蓮博士論文《臺灣客語勸世文之研究－以〈娘親渡子〉為例》論述中的中國各地民歌〈十月懷胎〉作一對照欣賞。

內 文

唱：【平板】

　　正〔啊〕月〔你嘛〕桃〔哪〕李〔呀啊正月〕來問春〔呢〕，

　　因〔哪〕為〔㤹嘛〕孝道世〔啊〕上尊〔哪啊〕，

　　孝〔啊〕義〔㤹就還哪係呦〕正來〔就〕孝自己〔呢〕，

　　點〔啊〕點〔㤹嘛〕傳〔哪〕來分〔哪〕子孫〔哪〕。

　　詳細就來想起〔呦〕，

　　簷〔嘛〕水〔㤹就〕點〔嘛〕點滴舊楯[1]〔呢〕！

說：〔口白〕

　　相勸世間愛孝心，上天無虧孝心人，簷水點點滴舊地，

1　舊楯：音kiu dunˋ，指舊房子、舊的柱子。

唱：【平板】

你看真〔你就〕孝〔哪〕道原來正步步〔哇〕升〔呢〕！

唱：【平板】

二〔呀〕月〔催嘛〕桃〔哪啊〕李〔呦正來〕結成果〔呢〕，

為〔呀〕人〔催就〕最先愛〔呀〕孝道〔哇啊〕，

十〔啊〕月懷〔呀〕胎〔呢正來就〕娘辛苦，

三〔啊〕年〔催就〕乳哺〔實在〕娘都老〔哪〕。

大家〔就〕思想起〔呦〕，不〔啊〕孝〔催就〕雙〔哪〕親絕對就做毋好〔呢〕。

說：【口白】

相勸世間愛孝道，孝道雙親總有好，人生在世無幾久，

唱：【平板】

愛求〔催就〕雙〔啊〕親歸仙就的確無〔呢〕！

唱：【平板】

三〔嘛〕月〔催嘛〕成〔啊〕果〔哪正來个〕好梅酸〔喔〕，

相〔啊〕勸〔你个〕行〔啊〕孝心〔嘛〕愛專〔哪啊〕，

在〔呀〕生〔催就〕雙〔哪〕親大家就來無愛〔哩〕，

衰〔呀〕過〔催就〕死後香〔啊〕煙斷〔呢〕。

大家就從頭來想起〔呦〕，爺娘〔催就〕愛子心〔嘛〕合肝〔哪啊〕。

說：【口白】

相勸世間男女郎，人生有孝就水道長，在生雙親就無愛，

唱：【平板】

死後你就毋〔哪啊〕使〔偓來〕拜豬〔哪〕羊〔呀啊〕！

唱：【平板】

四〔呀〕月〔催嘛〕桃〔哪〕李成果〔就正來旺呢〕，

相勸〔催就〕大家愛來孝爺娘〔啊〕，

食〔哪〕娘〔催就〕心血結成〔催嘛〕胎〔呦〕，

苦〔哇〕心〔个就〕經過愛來就仰般講〔啊〕，

唸：【平板雜唸仔】

相勸你大家少年郎，青春來年少，的確愛來孝爺娘，爺娘在生來奉四兩，當過〔斯〕死後〔斯〕拜豬羊，爺娘面前就言語來孝順，當過〔斯〕雙親歸仙後，靈桌

上，奉肉來奉湯，雙親面前〔斯〕大聲講好話，當了死後來雙親〔正會斯〕請和〔來个〕尚，和尚〔斯〕請來壇前上，

唱：【平板】

康康〔倕嘛〕碴〔啊〕碴²〔呢〕來拜〔你就〕一爐〔哇〕香〔啊〕！

唱：【平板】

五月〔倕就〕算〔啊〕來〔正來个〕百瓜成〔呢〕，

勸〔哪〕人〔倕就〕行〔啊〕孝係若³本心，

雙〔啊〕親〔倕就〕在生〔哪啊〕都也來無愛〔哩〕，

莫〔啊〕痛〔倕就〕歸〔呀〕仙尋〔嘛〕無人〔哩〕，

唸：【平板雜唸仔】

奉勸你世上青年人，青春就來年少，的確〔斯〕愛孝心，食娘身上〔斯〕三擔六斗血，千辛萬苦〔來〕養成人，畜偓七八歲，驚偓毋識字，繳偓落學堂⁴。千辛〔啊〕來萬苦正係來養成，讀到偓來高中就畢業，驚偓無餔娘，正來打單身，上求媒，下拜戚，求著人，做媒人，討轉家庭〔斯〕分偓來雙對，相後來傳身。

唱：【平板】

這點雙親个恩情都不報〔喔〕，倕想上天哪你就的確不容情〔呢〕。

唱：【平板】

六〔啊〕月算〔哪〕來〔正來个〕石榴紅〔呦〕，

相〔啊〕勸〔你就〕行〔啊〕孝傳〔哪〕都終〔哪啊〕，

雙〔啊〕親 愛〔呀〕來大家就不行孝〔呢〕，

在〔呀〕世〔倕就〕為〔呀〕人有〔呀〕何用〔啊〕？

唸：【平板雜唸仔】

相勸大家來青年郎，青春來年少，的確愛來孝爺娘，爺娘个想子〔斯〕可比長江水，子想爺娘實在無支擔竿長，長江水，只有流下就無流上，世間只有爺哀就想子女，少有子女就想爺娘，雙親在生大家毋行孝，

唱：【平板】

---

2 康康碴碴：音 kong ˇ kong ˇ kog kog，狀聲詞，指和尚敲木魚的聲音。

3 若：音 ngia ˇ，指第二人稱單數所有格，「你的」或「妳的」。

4 落學堂：音 log hog tong ˇ，上學。

死了你就難〔哪〕尋〔偲个〕生爺〔呢〕娘〔呢〕！

唱：【平板】

七〔啊〕月〔偓就〕成果〔來〕正係就牛眼烏〔呢〕，

上〔啊〕天〔偓就〕昭〔哪〕昭實在有眼珠，

行〔啊〕孝之〔哪〕人〔啊〕上天就有看見〔呢〕，

萬〔啊〕世〔偓就〕榮〔啊〕華〔啊〕盲〔啊〕會苦〔哇〕。

唸：【平板雜唸仔】

相勸青年你愛聽，雙親面前孝愛行，今生雙親〔偲就斯〕不孝，養大子女有何

名？相勸大家愛記得，

唱：【平板】

雙親面前低言細語愛細聲啊！

唱：【平板】

八〔啊〕月〔偲就〕成〔呦〕果〔呦就來个〕芎蕉黃〔呢〕，

相〔啊〕勸你就〔啊〕行孝名聲長〔偓就啊〕，

積〔呀〕穀〔偓就〕防〔哪〕飢，養兒就望代老〔呦〕，

世上〔偓就〕各〔呢〕個有〔哇〕短長〔啊〕，

唸：【平板雜唸仔】

相勸你大家青年郎，青春來年少，的確愛來就孝爺娘，爺哀[5]渡子個平安還較得，

爺哀渡子來有病，實在還冤枉，一夜行到天光，等下求神又問佛，等下炙藥湯，看

了子病有較好，雙親笑，

唱：【平板】

看了子來上[6]當〔呢〕一夜就淚茫茫啊！

唱：【平板】

九〔哇〕月〔偓就〕成〔呦〕果〔呦〕算來是柿柚黃〔呢〕，

世〔啊〕間人个有孝祖〔哇〕宗長〔啊〕，

祖〔哇〕德〔偲就〕流芳〔呦正來都〕千載去，

恩愛〔偓就〕爺〔哪〕哀透〔啊〕天堂〔呢〕，

仔細大家就思想起〔呦〕，爺〔哪〕哀〔就〕言〔哪〕語的確正不可忘〔啊〕，

5　爺哀：音 iǎ oi↗，指父母。

6　上當：音 song↗ dong，指病情嚴重。

說：【口白】

相勸你大家愛聽起來，的確人生第一愛孝爺哀。雙親有錢就無哪買，

唱：【平板】

死後〔你就〕歸〔呀〕亡的確〔你就〕不轉〔呦〕來〔呦〕！

唱：【平板】

十〔嘛〕月〔倕就〕成〔哪〕果又來見面〔呢〕，

有〔啊〕孝〔倕就〕雙〔啊〕親感〔嘛〕動天〔哪啊〕，

有〔哇〕孝〔倕就〕爺〔啊〕哀必有該出來係孝〔啊〕子〔呦〕，

美名〔倕就〕相〔啊〕傳萬〔哪〕萬年〔哪啊〕，

大家就詳細看清楚〔呢〕，無〔哇〕孝〔倕就〕人來，光陰在於天，

說：【口白】

相勸你大家愛孝雙親，雙親毋孝，倕愛孝麼人？在生世間幾十年，

唱：【平板】

死了〔你就〕難〔啊〕尋倕个世大〔呦〕人[7]！

唱：【平板】

十一月〔你就〕成〔哪〕果〔哪正來就〕見了柑〔呢〕，

人〔哪〕生〔倕就〕不〔呦〕孝誰也不堪〔嘛〕！

道〔啊〕義〔就〕人〔哪〕生〔哪〕正來就成功本〔呦〕，

爺娘〔倕就〕面〔呦〕前不可就來濫糝〔呢〕！

唸：【平板雜唸仔】

詳細青年倕講你聽，大家面前愛行孝，行孝〔斯〕雙親有較贏，人生在世〔斯〕幾十年，千辛萬苦雙親〔斯〕養成，今日倕來个成人指多望，吂知不孝雙親來壞名，雙親〔斯〕恩情如不愛〔呦〕，

唱：【平板】

情願〔你就〕三朝〔你就〕七〔呦〕日莫來放佢〔呀〕生啊！

唱：【平板】

十二月〔你都〕成〔哪〕果〔哪〕總講歸來又一個年〔呢〕，

有〔哪〕孝〔倕就〕雙〔哪〕親恩大〔呀〕天〔哪〕，

---

7 世大人：音 sii tai nginˇ，長輩。

千〔哪〕辛〔偓正〕萬〔哪〕苦爺哀就畜偲大〔呦〕，

不〔啊〕孝〔偓就〕兩字上天不肯〔呢〕。

唸：【平板雜唸仔】

奉勸你青春各少年，雙親面前的確愛行孝，行孝〔斯〕雙親〔斯〕專係果在天。

雙親在生大家不恩愛，歸仙來去了，的確〔偓就〕難〔哪〕尋雙親你正在身〔哪〕邊。

唱：【平板】

大〔呀〕家就來聽〔哪啊〕偓唱〔就〕行孝歌〔呢〕，

為〔呀〕人〔偓就〕成〔啊〕果〔啊〕大家〔哪〕好〔哇啊〕，

誰〔呀〕人〔偓就〕聽〔啊〕轉就來个行孝〔呦〕，

男〔嘛〕女〔偓就〕記得大〔呀〕功勞〔啊〕，

大家就詳細來聽轉〔呦〕，句句〔偓就〕言〔哪〕語都係正相勸歌呢！

【唱本終】

3.
劉蕭雙傳〈曹安孝娘親〉

導 讀

此乃鈴鈴唱片 KL513A、KL513B，未註明出版日期。由劉蕭雙傳演唱。劉蕭雙傳是新竹縣北埔鄉人，大約生於民國二年（1913）左右，卒年不詳，個性溫和，擅唱老生。[1] 他曾經和別人合錄許多「客家採茶劇」或「採茶歌劇」，如《梁三伯祝英台》（鈴鈴 KL85-90）、《朱買臣棄妻》（鈴鈴 KL243-245）、《姜安送米》（鈴鈴 KL313-317）、《纏哥哥渣渣滴》（鈴鈴 KL791）、《義方教子》（鈴鈴 KL797-799）、《誤會棄妻》（鈴鈴 KL852-854）等。唯一見到的說唱只有〈曹安孝娘親〉，是一完整故事的唱本，是客語說唱一重要資料。讀者可和前揭文《何阿信抄本‧曹安行孝》對照欣賞。

此唱本內容在描寫潮州鬧飢荒，曹安殺子煮肉湯救母命，為差官知悉，轉告老爺，老爺將曹安孝行上奏朝廷，天子深受感動，召見曹安並封他為官。後來，曹安又生五子，五子登科，一門吉慶，曹安夫婦孝行名揚天下。

內 文

唱：【平板】

　　有孝賢（lio）文（na）〔來〕休了唱（lio），

　　來唱〔就〕曹（o）安（na）〔來〕行孝娘（lio）；

　　曹安〔來〕戴（io）在（ia）〔就係〕曹州府（lio），

　　曹州〔來〕縣（lio）內（呀）〔來〕是家鄉。

唸：【平板雜唸仔】

1　2004/7/28訪問賴碧霞。劉蕭雙傳和賴碧霞結拜過。

父母單生〔就〕我自己，我爺早早就〔來〕歸亡，母親守寡〔來〕養子大，八、九歲〔來〕就入（a）學堂，先讀五經〔來〕並論語，後讀詩書〔來〕並文章，詩書讀來〔就〕甚飽篤，放學回家〔來〕奉老娘。母親看著〔就〕子兒大，便請媒人〔來〕問妻房，討得曹州〔來〕蘇氏女，安名安到〔來〕「蘇氏娘」。蘇氏做人〔來〕真（a）有孝，十分行孝〔就〕老家娘，蘇氏過門〔也有〕兩年久，不覺懷胎〔就〕在身上，六甲懷胎〔來〕（ia）十個月，生下一子〔來〕甚端正。婆婆聽著〔來〕孫兒嗷，走出前堂〔來〕燒好香，一來保護〔𠊎个〕媳婦健；二來保護〔就〕我孫郎。三朝摘出〔就〕廳堂上，看見〔來〕孫兒〔來〕笑洋洋，曹安將子〔來〕安名氏，安名〔毋就〕安（io）到（ua）〔就係〕「曹茴香」（lio）！

唱：【平板】

〔就曹〕茴香出（lio）世（呀）〔就係〕三年過（lio），

不覺〔就〕天（lio）下（lio）〔續來〕做飢荒（lio），

三月初（o）三（嘛）〔來〕落陣雨（lio），

一直〔就〕無（a）雨（ia）〔講〕到重陽（lio）。

唸：【平板雜唸仔】

園頭園尾〔來〕草曬死，大河無水〔就〕魚難養，日裡挍水〔來〕挍到暗，夜裡挍水〔來〕挍到光，曹安耕有〔來〕車零穀，半精半冇〔來〕收半倉，曹安〔个〕屋家〔都〕十三口，餓死九個〔去〕見閻王，連母並子〔正〕伸四個，無米好食〔來〕食（a）糜湯。後生食糜〔都〕無要緊，〔衰過〕老娘食糜苦難當，母親餓到〔就〕半生死，就喊我子〔就〕來商量，男人都有〔三十六〕條計，你〔今也〕無半條〔好來就〕救老娘？𠊎有金釵〔來〕幾下對，也有衣裳〔來〕數十箱，遽遽拿去〔來〕街上賣，換有多少〔好來〕糴米糧。曹安聽著〔就〕□□嗷，就拿包袱〔就〕到街坊，東街賣到〔來〕西街轉，賣無人愛〔來〕哭茫茫，人人都講〔就〕無錢買，哪有錢銀〔好來〕回家堂，若係無米〔來〕回家轉，餓死老娘〔𠊎就〕罪難當，曹安轉到（o）間房內，就喊〔就〕蘇（o）氏（ia）〔𠊎就〕來參詳（lio）！

唱：【平板】

〔就這擺〕若係老（o）娘（a）〔分佢就〕來餓死（lio），

曹安〔會來就〕臭（o）名（a）〔佢都〕遠傳揚（lio）！

唸：【平板雜唸仔】

左思右想〔就〕無（a）妙計，〔不如〕將子殺忒救老娘，蘇氏聽著〔就〕哭淋

淋，丈夫講話〔你就〕無良心，單生一子〔就〕來殺死，日後老了〔愛來〕靠何人？曹安聽著〔就〕怒傷心，就罵蘇氏〔來〕死賤人，若子毋肯〔就〕催來殺，□□□連罵別人，蘇氏聽著〔就〕毋敢講，毋敢反對〔來〕丈夫郎，順得夫來〔就〕子愛死，順得母來〔就〕母愛亡，〔就〕走入間房〔來〕開聲嗷，可憐子兒〔就〕命不長。曹安一時〔來〕心頭硬，手擎菜刀〔就〕入間房，摘等子兒〔來〕屋背去，三歲〔仔就〕茴（喔）香（a）（來）嗷斷腸（lio）！

唱：【平板】

曹安心（o）硬（a）〔催就〕剮落去（lio），

衰過茴（o）香（a）〔佢就〕刀下亡（lio），

〔就〕剖開肚（o）腸（a）〔拿去就〕河邊洗（lio），

洗个血（o）水（ia）〔催就〕滿河江（lio）！

唸：【平板雜唸仔】

剖開子兒〔來〕做（a）兩析，先拿一析〔就〕去煮湯，煮个肉湯〔都有〕七分熟，兜入後房〔來〕救老娘。婆婆食該〔就〕兩三埕，心肝又來細思量，想起孫兒〔就〕年紀少，留有多少〔好來〕分孫嚐。蘇氏聽著〔就〕心驚怕，婆婆愛嚐（a）做你嚐！茴香出去〔就〕盲有轉，〔催〕內面留有〔就〕兩三碗。婆婆聽著〔就〕心怒氣，敗家媳婦〔就〕不賢良，飢荒數久〔都〕無米食，恁多錢銀〔來〕買肉湯，看妳真正〔都係〕敗家子，家貧〔就〕買（io）肉（a）〔來〕過三餐（lio）！

唱：【平板】

婆婆[2]，蘇氏聽著〔講〕此言語，

無奈〔來〕照（o）實（a）〔催就來〕對母講（lio），

此肉〔來〕就（o）係（ia）〔安到來〕茴香肉（lio），

見湯（ma）就（o）係（ia）〔催个〕茴香湯（lio）。

〔就〕茴香被（io）他（io）爺殺死（lio），

煮个肉（o）湯（a）〔來〕救老娘（lio）！

〔就〕婆婆（o）聽（o）著（ua）〔來〕心驚怕（lio）！

留下（a）碗（o）筷（ia）〔催就來〕嗷一場（lio）。

乖乖〔就〕孫（o）兒（ia）〔催就〕來殺死（lio），

2　這個詞應个是唱者誤唱的，與整首歌詞無關。

可罵曹（o）安（na）〔你都〕心不良（lio）！

〔就〕八十（a）婆（a）婆（a）〔㑝都〕命不久（lio），

三歲〔就〕孩（io）兒（ia）〔講〕正好養（lio）。

〔就〕無子〔來〕莫（o）望〔a〕〔安到〕他人子（lio），

一下（lio）打罵（a）〔佢就〕走忙忙（lio），

養子還（lio）愛（io）〔㑚〕親生子（lio），

目汁〔就〕盲燥（o）〔佢都〕又喊娘（lio）！

曹安聽（o）著（a）〔講〕自言章（lio），

行前〔就〕兩（o）步（ua）〔佢來〕解勸娘（lio），

〔㑝〕無子㑝會（ia）〔來〕降過子（lio），

總驚〔就〕一（o）朝（o）〔佢都〕無老娘（lio）。

曹安〔來〕勸（lio）母（ua）〔佢都〕盲好勢（lio），

差官又（io）來（ia）〔都〕追納糧（lio），

曹安聽（o）著（ua）〔安到〕差官到（lio），

迎接〔就〕差（io）官（na）〔都〕入廳堂（lio）。

就喊蘇（o）氏（lio）〔妳去〕捧茶食（na），

遽遽〔就〕捧（o）來（ia）〔好來〕請差官（lio），

蘇氏（io）〔來〕摸（lio）著（a）〔醃缸又〕斷點水（lio），

就扛一（o）碗（na）〔就係〕孩兒湯（lio）。

差官接（o）碗（na）〔佢就〕愛來食（lio），

看真（ma）就（o）係（ia）〔安到〕豬肉湯（lio），

差官（o）想（o）著（a）〔佢就〕心大怒（lio），

可罵曹（o）安（na）〔你都〕心不良（lio）！

你都有錢〔好〕（lio）〔來〕（ia）割〔个就豬〕肉食（lio），

仰般〔就〕無（a）錢（na）〔好來〕納官糧（lio）？

〔就〕官稅〔你都〕數（ua）期（ia）〔你都〕盲有納（lio），

曹安〔真正你就〕欺（io）官（na）〔你就〕罪難當（lio）。

曹安看（o）著（a）〔就〕差官譴（lio），

差官〔你就〕聽（o）佢（ia）〔來〕說言章（lio），

〔就〕飢荒恁（lio）久（a）無飯食（喔），

〔佢个〕母親〔就〕餓（lio）到（a）險〔險就來〕歸亡（lio）。

〔都〕老娘〔都〕今（o）年（na）〔就係〕八十歲（lio），

〔若係〕分佢〔來〕餓（a）死（ia）〔就〕佢無娘（lio），

〔就〕左思〔來〕右（o）想（a）〔佢都〕無妙計（lio），

殺死〔佢个來〕子（o）兒（ia）〔佢來〕救老娘（lio）。

〔就〕佢講〔个〕言（lio）語（ia）〔你都〕無愛信（lio），

請你〔來就〕觀（lio）看（na）〔我〕子〔个〕肚腸（lio），

差官（o）看（lio）著（a）〔來〕心著驚（lio），

雙腳〔來〕如（ia）歸（io）〔佢都〕走忙忙（lio）。

一直走（o）到（ua）公堂〔來〕上（lio），

就對老（o）爺（lio）〔來〕說端詳（lio）。

〔他〕從頭〔來〕一（o）二（ia）對〔得就〕老爺講（lio），

老爺〔急急就〕做（lio）表（ua）〔好來〕上朝綱（lio）。

〔就〕聖上看（lio）表（ua）〔佢都〕笑盈盈（lio），

世上〔仰會〕還（lio）有（ia）〔安到〕恁樣人（lio）？

人人都（o）係（ia）〔講〕愛子女（lio），

〔仰會〕捨子〔來〕殺（lio）佢（ia）〔來〕救老娘（lio）？

算來〔ma〕就（o）係（ia）〔安到〕孝順子（lio），

封他官（o）職（a）〔來〕在朝廷（lio），

又看蘇（o）氏（ia）〔講係〕孝順女（lio），

封她七（o）品（na）〔講係〕太夫人（lio）。

曹安後（o）來（ia）降著〔就〕五個子（lio），

五子〔來〕登（o）科（a）〔講〕大風神（lio），

〔就〕誰人〔來〕學（o）得（ia）〔這個〕曹安著（lio），

天下〔就〕第（io）一（ia）〔安到〕有名人（lio），

〔就〕女人〔來〕學（o）得〔這個〕蘇氏著（lio），

日後做（o）個（ia）〔安到〕太夫人（lio）。

〔佢都〕講透一（io）本（na）〔安到〕〈孝順記〉（lio），

萬古〔就〕流（o）傳（na）〔講係〕到如今（lio）。

【唱本終】

4.
羅石金〈石金勸世歌〉

導 讀

此乃1970年9月，美樂唱片 HL5006（A、B）出品，羅石金（約1927～？）演唱的作品。羅石金擅長拉小提琴，唱【蘇萬松腔】。他的作品大部分是民謠，如〈九腔十八調〉（美樂 HL369-372）、〈收心歌〉（鈴鈴 KL-234）、〈送郎歌〉（鈴鈴 KL-235）、〈遊花間歌／十二月古人歌〉（鈴鈴 KL-236）、〈思蓮歌[1]／拾想交情歌〉（鈴鈴 KL-237）、《臭頭遊花宮》（鈴鈴 KL-242）、〈打海棠〉（鈴鈴 KL-708）等。勸世文則以〈食煙毒／十月花胎、浪子回頭〉（鈴鈴 KL-91）、〈石金勸世歌〉（美樂 HL-5006）、〈浪子回頭〉（遠東 Jo-12）、〈怨嘆風流〉（遠東 Jo-13）、〈羅石金勸世文〉（遠東 Jo-14）為代表。

此唱本是羅石金模仿蘇萬松以小提琴伴奏方式，以【蘇萬松腔】的銓釋風格，反覆勸世人要行善。亦談到日治時期以及光復後的臺灣人民生活，同時大力推薦當年苗栗美樂唱片出版社的唱片。

內 文

唱：【蘇萬松腔】

> 一來〔哪偓就〕奉〔啊〕勸〔哪正來斯〕後生哥〔喔呢咿〕！
> 後生〔斯係〕生〔哪來〕理你愛〔哪來〕認真做〔哪〕！
> 生理〔就來〕一〔哪〕時〔正來就〕變一款〔呢咿〕！
> 物資〔斯係〕波〔哪來〕動〔偓就來〕捉毋〔係〕著〔哪〕！

---

1 按：一般皆寫成〈思戀歌〉。

唸：【平板雜唸仔】

一來奉勸〔你大家來〕後生哥，生理的確來認真做。

生理〔斯〕一時〔來〕變一款，物資波動〔斯來分偓〕捉毋著。

前時有錢做得〔來〕大生理，這滿[2]你有錢還愛〔來〕靠頭腦。

若是係無頭腦，相信你十間店九間都難做。

將偓看過就來考慮，這滿後生頭腦有較〔來〕高。

前時出門〔來〕用行路，這滿出門〔來〕有車坐。

前時買賣〔來〕用挾擔，這滿有車就配到到。

一年過一年，建設機器工廠加盡多。

前時割禾〔來〕用手搬，這滿設有機器〔來〕用腳踩[3]。

前時耕田〔來〕愛畜牛，這滿犁田續毋使用牛拖。

也有發明〔來〕腳踏車，自家騎，後背做得來挷載貨。

近來緊懶尸[4]，出門遠路〔來〕懶尸踩。

全部希望〔來〕autobike[5]，載雙偓，實在派頭有較好。

也有發明〔來〕腳踏車，自家騎，後背做得〔來〕挷載貨。

也有來發明這種安到〔來〕特效藥，有病毋使〔就〕來煩惱。

不管〔斯〕手術〔來〕挷開刀。也有學著美妙藥，實在〔來〕係還好。

毋會降[6]，食著〔來〕佢會降；驚降偓，食著來相信〔來〕佢會無。

也有科學研究〔來〕還週到。聽講豬嬤走醒[7]毋使〔來〕用豬公，豬嬤係走醒，將就來注射，恁樣就會〔來〕牽得著[8]。

想真這滿後生〔來〕命還好。普通眠床無愛睡，專門愛睡你膨床係bed[9]，兩偓睡目〔來〕睡兼兼，睡著確實〔來〕真奇妙。

實在想真這滿水準高，建設這種个山肚還週到。

---

2 這滿：音 ia man，這次。

3 踩：音 dio，用腳踩。

4 懶尸：音 lan sii，懶惰。

5 autobike 指摩拖車。乃客語中的日語詞，日語又源自英語。

6 降：音 giung，生孩子。

7 走醒：音 zeu xiang，指動物發情。

8 牽得著：音 kien ded do，指公豬能使母豬受孕。

9 bed：指床。客語模仿日語之外來詞，日語又是源自於英語。

勸話妳細阿姐，衫褲毋好〔來〕做忒多。

一時興一款，興出〔來〕挑花分偃〔來〕追毋著。

前時个婦人家〔來〕著大褲腳，乳菇[10]縛到平摸摸。

這滿來興乳菇袂身體量到堵堵好。

腰間儘量來束細細，束到妳下身肚拖拖。

兩隻胸前儘量拌，拌起確實差毋多〔來〕五吋高。

時行〔來〕著个三角褲，裙頭挑工[11]〔來〕留高高。

熱天時〔來〕著尼龍褲，玉腿全部〔來〕看得著。

老人家看著〔來〕緊拂頭[12]；後生人看著講係當奇妙。

實在想真水準高，建設山肚還週到。

坑頭窩壢〔來〕有草橋，大路全部〔來〕透到到。

前時山肚〔來〕點水油[13]，這滿全部都有〔來〕牽電火[14]。

市內莊下就都共樣，逐家買有 radio 掛曲盤，佢會來唱山歌。

前日偃對个山肚過，看著一個老阿伯，聽著多少〔來〕有阿謠[15]。

後生人緊聽〔來〕緊多，愛聽山歌偃對你講，造出个曲盤確實有幾下十樣：

也有造出个【九腔十八調】、【拂傘（遮）尾】、〈送情郎〉；

也有造 《吳漢（來）殺妻》；也有造出〈苦女對情郎〉；

也有造出〈青春夢〉；也有造出《桃花過渡》、【撐渡船】；

也有造出來〈酒家女〉；也有造出來〈十八姐（來對）七歲郎〉；

也有造出來亂彈曲；也有造出八音來吹【柳新娘】；

也有造出來勸世文，勸你大家後生愛乖張。

這滿出品全部偃俚美樂唱片廠，

設備堵堵偃俚个苗栗鎮，設備堵堵偃俚街中央，

頭家係這安到後生人，性格盡優良。

---

10 乳菇：音 nen gu ╱，乳房。

11 挑工：音 tiau ╱ gung ╱，故意。

12 拂頭：音 fin teu ˇ，搖頭。

13 水油：音 sui ╲ iu ˇ，煤油。

14 電火：音 tien fo ╲，電燈。

15 阿謠：音 o ╱ no ╲，稱讚。

大家無棄嫌，望你大家來交官[16]，

分佢一儕傳一儕，分佢〔來〕一方傳一方，

分佢齊齊大家來註文[17]，分佢倉庫來無數量，

工廠一定會做毋掣[18]，師傅一定會拼夜工。分𠊎看，頭家一定會心歡喜，請𠊎來食麥酒[19]，𠊎就配豬〔溜〕肝〔哪〕！

唱：【蘇萬松腔】

一樣〔哪𠊎來〕樹〔哇〕木〔正來就〕一樣皮〔呢咿〕！

一樣〔斯係〕禾〔哪來〕苗〔𠊎就〕百〔啊〕樣〔來〕米〔哪〕！

一個〔就來〕國家〔正來就〕一個主〔呢咿〕！

辦法〔斯係〕完〔哪來〕全〔𠊎就〕無共〔來〕理〔哪〕！

唸：【平板雜唸仔】

二來〔就〕奉勸你一樣樹木〔來〕一樣皮，一樣禾苗〔就〕百樣米〔來〕。

一個〔來〕國家〔就來〕一個〔來〕主，辦法完全〔就來〕無共理。

清朝時節〔來〕換日本，日本管臺灣強過〔來〕賊牯〔來〕驚死死。

日本法律〔來〕管臺灣，並無強盜〔來〕偷東西。

逐個學著〔來〕日本〔來〕好精神，日本精神〔來〕好規矩，

街路〔就〕毋敢〔你〕濫糝〔就〕來屙尿，橫莊〔就〕毋敢來擤鼻。

出門衫褲〔來〕著端正，無端正，隨時〔你〕警察就來取締。

日本對這衛生〔就〕第一知，喊人〔就〕莊中〔來〕各個來做了〔就〕模範地，喊人就厠缸[20]愛安帕圍[21]。

屋簷溝全部都愛〔來〕kong╱ ku li[22]，喊人〔就〕壁上〔來〕開大窗，窗門全部〔來〕安玻璃。耕作完全〔你〕農會〔就〕來管理，喊人〔就〕蒔田愛蒔直直。喊人〔就〕委秧[23]秧溝愛留呎二。

---

16 交官：音 gau╱ gon╱，買賣、消費。

17 註文：音 zu vunˇ，訂貨。

18 毋掣：音 mˇ cadˋ，來不及。

19 麥酒：音 mag jiuˋ，啤酒。

20 厠缸：音 ca gon╱，廁所。

21 帕圍：音 pa viˇ，用布圍起做掩護的圍牆。

22 kong╱ ku li，客語外來語，指「水泥」，源自日語。

23 委秧：音 ve iong╱，播種。

復有警察〔來〕設經濟，頭牲毋肯人濫糝剾。

臺北就無好買，逐個續來做「夜米[24]」。

有人趒〔來〕背囊〔就〕揹孲兒，有人趒〔來〕頭前〔就〕大肚屎。

算來戰爭〔來〕非常時，全臺愛禁火，莊中毋肯濫糝[25]〔就〕來做戲。

全臺調苦工，餔娘男婦〔就〕也著去。

強制權，喊人〔來〕割馬草，喊人燒炭山上〔來〕剝樹皮。

物資全配給，有錢〔來〕係佢看，算來也係〔就〕無見奇[26]。

復有臺灣漸漸〔就來〕空襲，喊人〔就〕各個〔來〕疏開〔就〕山肚去。

貧窮富貴〔來〕一般般，逐個〔來〕驚怕空襲〔就〕擲死。

昭和年方堵堵做到〔來〕二十幾，十月〔來〕二十五，好日期。

無條件，光復去，逐個歡迎確實〔來〕還恭喜。

講著就偃俚〔來〕祖國管，國軍講係偃俚個同胞親兄弟。

生理儘採[27]偃俚〔來〕自由做，並無定價就〔來〕取締。

東西有起〔來〕並無落，馬馬虎虎逐個〔呀你就〕好生理〔哪啊〕！

唱：【蘇萬松腔】

三來〔哪〕聽〔啊〕佢唱歌就有較好〔呢咿〕！

矮矮〔斯〕聽〔哪〕轉你〔就來〕會反〔呀〕高〔哪啊〕！

老人〔哪就〕聽〔啊就〕轉〔啊正來就〕添福壽〔呢咿〕！

後生〔斯〕聽〔啊來〕轉〔呢咿你〕會〔來〕認真來做〔哪啊〕！

唸：【平板雜唸仔】

三來〔就〕聽佢唱歌〔就確實來〕有較好，矮矮〔就來〕聽著，轉去會反高。

老人家，聽轉〔來〕添福壽；後生人，聽轉你生理確實來認真做。

也係你臭頭阿哥〔就來〕聽著，轉去確實〔就〕會生毛。

若係你目珠矇矇〔就來〕聽著，轉去你目珠金金看得著。

手仔係毋方便來聽著，轉去你相信你手仔就毋會癱。

也係跛腳阿哥來聽著，轉去腳子就毋會〔來〕丁啊丁。

---

24 夜米：音 ia mi ㄟ，走私。

25 濫糝：音 lam ㄟ sam ㄟ，胡搞、亂來。

26 無見奇：音 mo ˇgien ki ˇ，不怎麼好。

27 儘採：音 qin ㄟ cai ㄟ，指隨意、隨便之意。

也係你生理阿哥〔就來〕聽著，轉去確實〔就〕人客〔就來〕滿間，生理確實〔來〕係還好。也係這種个細阿哥聽著，轉去〔來〕揪阿哥，阿哥來揪阿嫂，緊揪〔來〕緊大空。

也係你剃頭店阿哥〔就來〕聽著，轉去你剃頭就毋使〔就〕來磨刀。

茶山阿哥〔就來〕聽著，轉去你確實毋使來剷茶草。

也係你劏豬阿哥〔就來〕聽著，轉去你劏豬毋使〔就〕來刮毛。

打鐵阿哥係〔來〕聽著，轉去你打鐵就毋使〔來〕起火。

也係耕田阿哥〔就來〕聽著，轉去確實毋使〔就〕來挲草。

一冬割出來兩冬禾，比了三七五減租確實〔來〕還較好。

也係妳茶店下細阿姐來聽著，轉去的確〔來〕多相好。

也係你公婆毋好〔就〕來聽著，轉去確實〔來〕佢會好，

各人个枕頭搡兼又搡[28]兼，一暗晡好到你呢呢合諾諾，

若爸並若姆，聽著〔來〕心歡喜，天光朝晨來承蒙，姓羅个〔呀〕石金〔溜〕哥〔哪啊〕！

唱：【蘇萬松腔】

再來〔哪來〕奉〔啊〕勸〔哪正來就〕少年時〔呢咿〕！

少年〔就〕莫〔哪〕來〔个就〕犯規〔啊〕矩〔哪〕！

若係〔哪〕犯〔哪〕得〔哪正來就有〕規矩〔呢咿〕！

隨時〔就來〕警〔啊〕察綯佢來去〔哪〕！

唸：【平板雜唸仔】

〔正來〕奉勸你大家〔來〕少年〔哪〕時，少年毋好〔來〕犯規矩。

若係你犯規矩，隨時官廳來捉佢去。

講有理，放佢〔來〕轉；講無理，拍凳〔你〕拍桌喊佢〔來〕跪落去。

若係你口供係毋承認，打到你半生死，恁樣係得過，算來真恭喜。

若係係毋得過，摎你搡落〔來〕囹子去。探頭〔來〕不見天，低頭〔來〕不見地。

翻側身看著〔來〕囹子桄，一片〔來〕十二支，兩片湊等〔來〕二十四。

當下〔就〕來思想，想著確實〔來〕還慘悽：一來丟忒〔來〕佢爺哀；二來丟忒〔來〕親兄弟；三來丟忒〔來〕佢子兒。

---

28 搡：音sung丶，推。

高不將[29]，事到如今〔來〕無奈何，看著〔來〕日頭〔來〕會放黃，

各個〔來〕交分爛毯子佢身上，睡目毋係你親像屋下个八架床，

全部〔就〕kong ku li 硬釘〔啊〕釘，睡目一儕分無〔來〕六呎長，

尿桶〔來〕合厠缸，一暗晡蝻蜱咬著來呀呀〔啊〕癢。

天光朝晨，七早八早就愛趷床，趷起來，面無洗，嘴無盪。

食飯毋係親像屋下个碗公裝。用這枋仔釘到〔來〕四角框。

三餐〔來〕食這臭餿飯，配个鹹菜尾，臭風香。

有成時，水菜頭，切著〔來〕兩三皮，分佢充著來頸鋸鋸。

千比萬比〔來〕無好比，親像人个〔來〕鳥子樣。

分人捉到〔來〕鳥籠肚，毋得鳥籠出來外洋企。

再來奉勸你〔這種个〕公婆儕，公婆聽我來勸話，

公婆事，愛相勸，毋好來小事〔來〕汪汪合惹惹[30]，相㽼合鬥打。

愛想碗盤洗碗〔來〕會相磕，嘴唇舌嫲來恁相好，一下子，牙齒都會來咬舌〔啊〕嫲。

勸話你人家女，賣了他，工頭並工尾，勤儉撿摰[31]〔來〕學繡花。

做人心臼人，第一醜事毋好做；第二閒事毋好管；第三不齒骯髒事情佢莫惹。

愛想老公探頭〔來〕天下闊，老公面目〔來〕佢愛顧，老公面皮〔來〕佢愛遮。

公婆係相好〔啊〕佢就〔來〕共一〔溜〕家〔哪〕！

唱：【蘇萬松腔】

一勸〔就來〕朋〔哪啊〕友你愛〔溜就〕知〔呢咿〕！

風流〔就來〕亡係〔斯倕就〕好〔哇〕東西〔哪〕！

幾多〔哪就〕風〔啊〕流〔正來就〕無了日〔呢咿〕！

祝福〔斯係〕阿〔哪來〕哥〔倕就〕愛〔呀〕討〔係〕妻〔哪啊〕！

二勸〔哪就來〕朋〔哪〕友轉屋〔溜就〕下〔呢咿〕！

莫來〔斯〕賺〔哪來〕錢〔倕就〕去貪〔係〕花〔哪啊〕！

無病〔啊就〕無〔啊〕痛〔正來就〕無要緊〔呢咿〕！

一有〔斯〕病〔哪〕痛正知〔就〕差〔哪啊〕！

---

29 高不將：音 go bud jiong，不得已。

30 汪汪合惹惹：音 ngong ngong gag ngia ngia，吵吵又鬧鬧。

31 撿摰：音 giam qiu，整理、收拾。

三勸〔哪就〕朋〔哪〕友〔正來就〕愛精神〔呢咿〕！

在家〔斯來〕敬〔哪〕奉〔斯〕兩雙〔就〕親〔哪啊〕！

如今〔就來〕風〔啊〕流〔正來就〕愛想走〔呢咿〕！

總愛〔斯係〕夫〔哪來〕妻〔俚就〕百年〔係〕身〔哪啊〕！

四勸〔哪就〕朋〔哪〕友愛分〔溜就〕明〔呢咿〕！

賺有〔斯係〕錢〔哪來〕銀顧家〔係〕庭〔哪啊〕！

□□〔啊〕就兩〔啊〕事〔哪〕你愛〔溜〕惜〔呢咿〕！

老了〔斯〕來日〔哪來後斯〕未□就來□〔哪啊〕！

五勸〔哪就〕朋〔哪〕友莫貪〔溜就〕花〔呢咿〕！

貪得〔斯就〕花〔哪〕來心會野〔哪啊〕！

後生〔啊就〕風〔啊〕流無要〔溜就〕緊〔呢咿〕！

老了〔斯來〕轉〔哪〕想〔斯〕正知〔就〕差〔哪啊〕！

六勸〔哪就〕朋〔哪〕友愛認〔溜就〕真〔呢咿〕！

賺有〔斯係〕錢〔哪來〕銀愛隨〔就〕身〔哪啊〕！

風流〔哪就〕一〔哪〕定〔哪〕你莫〔溜就〕去〔呢咿〕！

落難〔斯係〕夫〔哪來〕妻無六〔就〕親〔哪啊〕！

七勸〔哪就〕朋〔哪〕友心莫〔溜就〕野〔呢咿〕！

莫來〔斯〕總〔哪〕係〔斯〕在妹〔就來〕家〔哪啊〕！

真情〔哪就〕阿〔哪〕妹〔哪正來就〕無你份〔呢咿〕！

丟了〔斯就〕爺〔哪〕娘在屋〔就〕下〔哪啊〕！

八勸〔哪就〕朋〔哪〕友〔正來就〕愛實心〔呢咿〕！

莫來〔斯來〕貪〔哪〕花害死〔就來〕你〔啊〕！

丟忒〔哪就〕野〔哪〕花〔正來就〕無要緊〔呢咿〕！

丟忒〔斯係〕爺〔哪來〕娘傷天〔就來〕理〔哪〕！

九勸〔哪就〕朋〔哪〕友轉屋下〔呢咿〕！

□□□□爺〔就來〕娘〔哪啊〕！

煞忙〔哪就〕打〔啊〕拼〔啊〕成家〔溜就〕業〔呢咿〕！

日後〔斯〕正〔哪來〕有好春〔就來〕光〔哪啊〕！

十勸〔哪〕朋〔哪〕友今爺〔哪就〕娘〔呢咿〕！

煞忙〔斯來〕在〔哪〕家正應〔就〕當〔哪啊〕！

落花〔啊就來啊〕流〔啊〕水〔哪〕毋到〔喔就〕老〔呢咿〕！

總愛〔斯來〕夫〔哪〕妻正久〔就〕長〔哪啊〕！

【唱本終】

圖9：美樂唱片封面

5.
范洋良〈地震歌〉

導讀

　　此乃未註明出版日期，文華唱片 ST-39，由范洋良演唱的作品。范洋良新竹縣湖口鄉人，擅長唱【平板】，曾在民國五十三年（1964）起連續五、六年得到客家山歌比賽冠軍。工作之餘亦常和朋友幫人「打八音」。[1] 他的作品除了〈地震歌〉之外，還有鈴鈴唱片廠出版的〈青春樂〉（KL63）、〈苦嘆酒家女〉（KL65）、〈十八姐嫁三歲郎〉（KL69）、〈思念桃花開〉、〈尋妻歌〉等。[2]

　　此內容敘述昭和十年臺灣發生大地震，尤其西部最為慘重，房屋倒的倒，人員亡的亡。臺中、豐原、大湖、公館、南庄……等村鎮，放眼望去，簡直慘不忍睹。不過，「積善之家必有餘慶」，在大地震中，積善之人亦有受到神明相當的保佑，所以，作者最後也以奉勸大家行善作結。有如報導文學性質，是屬於臺灣本土的客語文學作品，彌足珍貴。黃榮洛《臺灣客家傳統山歌詞》曾收錄：（1）〈中部地動歌〉（頁66，原載《客家雜誌》第17期，1991年4月）、（2）〈地動勸世歌〉（頁66-67，原載《客家雜誌》第17期）（3）〈續地動勸世歌〉（頁67-68，原載《客家雜誌》第17期）讀者可互為參考。

內文

唱：【蘇萬松腔】

1　2004/8/1訪問范洋良之子范振權以及戴文聲。范振權，1953年生，目前住湖口開宏音樂器行。戴文聲，1933年生，目前住老湖口，曾拜張福營為師，擅長文武場和唱客家民謠。

2　有關黃連添、邱阿專、范洋良等有聲作品目錄可查鄭榮興：《臺灣客家三腳採茶戲研究》頁116-123之目錄或查其主持出版之〈客家戲曲、音樂影音類資料記錄初稿〉《苗栗地區客家八音音樂史‧田野日誌》。

自有（lio）〔就〕臺（io）〔來〕灣（ni）〔正來就〕到如今（ni），

盲有〔來〕地（na）動恁可（o）憐（ni）；

看來（io）幾多（ni）〔正來就〕悽慘事（ni），

也有父（ni）子共歸（na）陰（ni）。

唸：【平板雜唸仔】

自（a）有臺（a）灣到如今，盲有地動恁可憐，幾多〔就〕同胞〔就〕全家滅，也有〔來〕父子〔來〕共歸（na）陰。看來〔就〕悽慘子，絕對〔來就〕末劫人，時刻〔就〕天地變，死傷〔就〕數萬人。昭和〔來〕十年事，三月〔來〕十九〔來〕个朝晨，街路〔就〕轉[3]了〔就〕變平地，堵好〔就〕硞死〔就〕無數人；高樓萬丈〔就〕轉下來。山崩〔就〕地裂〔來〕得驚人，泥塵起，看盲真，愁雲（來）慘慘〔就〕暗沉沉。大安〔就〕震源地，臺中〔就〕及員林，鐵道〔就〕交通〔就〕全斷絕，溪下〔就〕淺淺〔就〕變灰塵。豐原〔就〕透到〔个講〕內埔，上港〔就〕險險〔就〕全滅一家人。頭屋就焦裂，大湖、公館及山林，竹南沙鹿〔就〕南庄內，硞傷石屋〔就〕幾多食齋人。高塔數丈〔就〕轉下來，佛法〔就〕苦無情，今悽慘，怨何人？到處鬼聲〔就〕噭無停，男大女細〔斯〕全家滅。也有父子〔來〕共歸陰；也有〔來〕斷手骨；也有雁食人；也有全身硞扁扁；也有〔來〕硞著〔就〕無好尋；也有〔就〕頭部硞傷折。皮開肉裂〔來〕痛傷心，三歲〔就〕孩兒〔來〕受傷者，八十〔就〕婆婆〔就〕噭淋淋。也有〔來〕子死〔來〕阿爸噭；又有〔來〕父死〔來〕噭雙親；新娘討轉〔來〕砸死[4]去；失忔孩兒〔就來〕噭淋淋。看來〔就〕幾載〔就〕末劫到，不如（ni）食齋（a）結善（na）緣（ni）！

唱：【蘇萬松腔】

大家（na）（a）〔就〕朋（lio）友（ni）〔正來就〕骨肉親（ni），

你愛〔來〕詳（ni）細（a）聽分（o）明（ni）；

殺死（lio）幾（io）多（ni）吱吱（na）噭（ni），

鐵石〔就〕人（na）看也傷（o）心（ni）！

唸：【平板雜唸仔】

大家〔就〕朋友〔來〕共六親，你愛〔來〕詳細〔來〕聽分明，砸死〔來〕幾多〔就〕吱吱噭，鐵石〔就〕人看〔就〕也傷悲。硞著〔就〕輕者〔就〕有好醫；硞

---

3 轉：音zon，倒塌。

4 砸死：音zog、 xi、，壓死。

著重者〔就〕命歸陰。官廳〔就〕接信著，電話〔就〕講無停，講請得〔个〕青年隊，尋一個急救人。臨時屋，搭涼亭，走出〔就〕屋外來避難，幾多〔就〕受苦辛，當天〔就〕搭個〔就〕爛草寮，暫此來安身。日夜〔就〕毋敢睡到〔就〕天大光，又驚〔就〕地動〔就〕然後再礱人，前個死時〔就〕有棺葬；後個死時〔就〕無棺材好來埋他身，改隻窟[5]，埋有〔來个〕三、四個，被埋之人〔就〕看著也會〔來〕淚淋淋。也無〔就〕孝子〔來〕送上山，又無〔就〕朋友〔來〕並六親；也無〔就〕和尚來做齋，又無〔就〕屋下好安眠。子係〔就〕出外〔來〕做頭路，聽著死訊〔就〕緊緊〔就〕回家轉，父母妻子〔就〕無哪尋？左鄰右舍無好問，無屋無舍好安身。大聲〔就〕嗷喊〔就來〕真悽慘，警官〔就〕行前來，調查〔就〕問原因，隨時〔就〕對佢講，地動〔就〕礱死你个兩雙親。走去〔就〕墓前〔就〕開聲嗷，大哭悽慘〔就〕痛傷心，跪下〔就〕三牲當天敬，父母〔就〕兄弟礱死〔來〕真慘悽，先時〔就〕一家團圓〔就〕多歡喜，今日〔就〕孤單伸著佢一個人！

天地〔就〕虧人〔就〕虧到底，實在〔就〕可憐（a）真可憐。電話〔就〕搞到〔就〕母地[6]去，賑災實情〔來〕報官廳，催遽〔就〕軍隊〔就〕來保護，政府〔就〕愛民，特派〔就〕母官來慰問，總督來看〔斯〕嘆可憐。試設法，救災民，裝一裝，公德心，十日〔就〕有回饋，毋敢〔就來〕食虧人。外莊聞這悽慘事，大家〔就〕同情〔來〕寄互金，寄床橼，寄現金，都有〔就〕恤弱表誠心。也有蘿蔔乾，又有鹹菜根，聚集災地〔來〕救災民。新聞甚詳細，報導〔來〕極分明。上者數萬〔來〕難計算，下者手前有餘銀。算來天地末劫事，黃金堆棟也閒情，人生〔就〕講起講道德，天地兩數〔來〕對良心。知國法，孝雙親，社會〔來〕事業〔就〕愛公平，切莫〔就〕來逞勢，擘眼[7]看前人，存心積德〔就來〕全保護，還看災地（啊）實在〔就〕還可憐（ni）！

唱：【蘇萬松腔】

中華（na）〔就〕民（lio）安（ni）〔正來就〕國太平（ni），

〔這〕每個諸（o）君（ni）愛聽真（ni）；

世間（lio）兄弟〔正來个〕邪莫作（ni），

5　改隻窟：音 goiˋ zagˋ fudˋ，挖一個坑。

6　母地：音 muˊ ti，指日本。地震發生時為日治時期，故日本官吏打電話向本國報告災情。

7　擘眼：音 bagˋ ienˋ，張開眼睛。

人生必定無誤身（ni）！

唸：【平板雜唸仔】

中華〔就〕民安〔就來〕國太平，列位〔就〕諸君〔就〕愛聽真，世間〔就〕兄弟〔來〕邪莫作，人生必定〔就〕無誤身。事業一定〔來〕認真做，暗路〔就〕天空〔就〕無起晴，天大〔个〕事情〔來〕放落水，個人〔就〕一定〔來〕做成人。人生〔就〕冤仇〔就〕毋好結，鐵路田唇莫去行，賭博〔就〕郎君〔就〕莫相尋。除非實在〔來〕名譽壞，臭名〔就〕萬代〔來〕不出身，莫去〔就〕貪花〔就〕劫人財，人愛〔就〕天理〔就〕對良心。做賊偷米〔來〕食毋飽，偷人衫褲〔時〕着毋新，官法〔就〕如天為正大，不怕你係鐵人心！萬事愛來照法律，不成橋柱〔就〕打到成，為人愛來忠厚德，人愛〔就〕點點〔就〕記在心！人愛公平為正大，名譽〔來〕一定〔來〕值千金，為人〔就〕愛讀〔來〕聖賢書，登簿記數〔來〕不求人。若係言語〔來〕聽毋識，詩書〔就〕講係〔來〕點點金，枕上妻言迷魂藥，父母〔就〕語言〔就〕人蔘精。養兒大家〔就〕愛和順，兄弟〔就〕有事愛同心，第一家庭〔就〕有商量，人講〔就〕家和〔斯〕萬事興。錢財〔就〕恁多〔斯〕如糞土，總講〔就〕人情〔就〕海樣深，人富也無世代富，人貧也無〔就〕世代貧。惡語〔就來〕莫宣傳，莫來〔就〕暗箭來傷人，總講〔就〕各人守本分，認真（na）〔就〕賺（ni）錢（na）顧家（na）身（ni）！

【唱本終】

6.
范洋良〈娘親渡子難〉

導讀

此乃文華唱片，ST-39，未註明出版日期，由范洋良（1913～1988）演唱的作品。

此唱本內容在描寫母親懷孕生子養育孩子長大成人的辛苦，母親功勞可說山高海深，羔羊有跪乳之恩，慈烏有反哺之義，何況是萬物之靈的人類？此篇說唱主要是要我們了解母親的辛勞，及時行孝；更進一步奉勸各行各業的人切莫貪戀女色，這樣才能成功立業。觀其主題在「父母恩重」以及「報恩」，乃敦煌寫本〈父母恩重經講經文〉、〈十恩德〉的派生物，可和〈娘親渡子〉、〈百善孝為先〉、〈勸孝歌〉等比較、賞析。

內文

唱：【蘇萬松腔】

娘親渡子（na）苦（ni）難當（ni i），

千辛萬苦（ua）偃个（na）娘（ni i）；

三朝（lio）七（lio）日無乳食（ni i），

三更〔來〕半（ni）夜（ia）愛飼糖（ni i）。

唸：【平板雜唸仔】

娘親〔來〕渡子〔來〕苦（ua）難當，千辛萬苦〔就〕偃个娘，三朝七日〔就〕無乳食，三更半夜〔就〕愛飼（a）糖。一來〔就〕奉勸〔就〕少年郎，做人〔來〕子女〔就〕愛曉想，在娘〔就〕肚中〔就〕絞娘〔就〕心肝〔就〕絞娘腸，牙齒〔就〕咬得〔就〕鐵釘斷，腳着〔來〕繡鞋〔就〕蹬得穿，想愛上天〔就〕天（na）無路，想愛落地〔來〕地無門。有福〔來〕養子〔就〕得人難酒香；無福〔就來〕養兒得人〔就〕六埕棺材枋。有錢人〔來〕渡子（a）講係好命婆、頭家娘；無錢

（na）人〔來〕渡子講係〔就〕乞食婆、〔个〕勞碌娘。一日〔就〕食娘〔就〕三合乳；三日〔來〕食娘〔就〕九合糧。點點〔來〕食娘〔就〕身上血，食到〔就〕娘親〔就〕面黃黃。孩兒〔就〕細細〔就〕摘來揹，有時〔來〕有日〔來〕屎尿〔就來〕屙到娘親滿背囊，緊緊〔就〕放下〔就〕來去換，換來隨時〔就〕出河江，來去洗，來去盪。六月〔就〕天時〔就〕還較得，若係來十二月，堵著〔就〕霜雪大，十隻手指頭洗到〔就〕血洋洋。轉到〔就〕家中看著子兒〔就〕吱吱嗷，勸得大子來飼飯，細子來飼飯，飼得飽，一碗飯，冷過霜，娘親食落肚，掀娘心肝〔來〕貶娘腸。養著〔就〕有〔來〕孝子還較得，養著〔就〕無孝子，有子〔來〕當無養，不信但看筵中酒，杯杯〔來〕先敬〔就〕有錢人。生男〔就〕毋知〔就〕娘艱苦，生女〔就〕正知娘難當，在生〔就〕割肉四兩〔就〕娘親食，當過死後〔就〕棺材頭敬豬羊。千哭〔就〕萬哭〔來〕一張紙，千拜〔就〕萬拜〔就〕一爐香，有錢〔就〕街坊〔就〕買有千百物，千金（ni）難買（a）堂上親爺娘（nii）！

唱：【平板】

奉勸〔偓就〕郎（na）君〔你正來〕莫貪花（na），

貪花……〔偓就个〕青年儕（lio）；

看著〔這個就〕貂（na）〔來〕嬋〔你正來〕來懵懂（na），

□□〔你正來〕好花〔你正來〕害自家（lio）！

商業〔你正來〕先（na）生（a）〔你就來〕好貪花（lio），

見著〔這個〕嬌（o）女（a）〔你正來〕心起野（lio）；

〔精神就來〕感（a）覺兩人〔就〕相恩愛，

傷身（lio）〔就〕傷（o）肺（ia）〔你正來〕害自家（lio）！

耕種〔你就〕先（na）生〔你就來〕好貪花（na），

愛米〔你就來〕愛穀〔你正來〕任妳賒（lio）；

賒久〔你就〕糧（a）食（lio）〔你就來〕有不足（na），

番薯〔你正來〕摎米（ia）〔你正來〕難合家[1]（lio）！

劌豬（a）先（lio）生（a）〔你就來〕好貪花（na），

肥瘦〔來〕豬（na）肉（a）〔你正來〕任妹挖（lio）；

1　合家：音gabˋ gaˊ，均勻地和在一起。

挖久〔你就〕豬（o）刀〔你會來〕無油食（lio），

自己〔你个〕油盎（a）〔會來〕打翻車[2]（lio）！

雜貨〔你就〕先（a）生〔你正來〕愛貪花（na），

胭脂〔來〕水〔來〕粉〔你正來〕任妹拿（lio）！

由佢（lio）愛針（ia）〔你就來〕也愛線（na），

到久（io）〔就〕空籠（a）〔會來〕（lio）放在家（lio）！

做工（a）先（lio）生〔你就來〕好貪花（na），

賺有（lio）錢（a）銀〔你正來〕顧妹家（lio）！

有時（ia）有（a）日〔正來就〕得著病（a），

衫又穿（o）空（a）褲開（lio）花（lio）！

出外〔你就〕先（na）生（a）〔你正來〕好貪花（na），

爺娘（lio）妻（ia）子（a）〔你正來〕放在家（lio），

三年五載〔你正來〕無轉屋（na），將來〔你个〕妻（a）子（a）〔會來〕嫁
別儕（lio）！

【唱本終】

2　打翻車：音 daˋ fanˊ caˊ，翻倒。此處指油瓶裡無油了。

7.
黃連添〈百善孝爲先〉

導 讀

　　此乃 1969 年 6 月再版，美樂唱片 HL240 出品，黃連添（1917～1990）演唱的作品。

　　黃連添原是花蓮縣光復鄉（又名馬太鞍）人。三十二歲時，有一次勞累過度又發高燒，那時又正值空襲，因此擔誤病情，雙目漸漸失明。從此，無師自通，自創超大的四條絃「大廣琴」，自拉自唱，以賣藝為生。1965 年搬到新竹的竹東鎮，以賣藝、算命維生。他曾於民國五十一年參加中廣苗栗台與苗栗客家民謠研進會合辦的山歌比賽，得到【平板】組的冠軍。他先後在美樂、月球、愛華等幾家唱片公司灌錄過不少唱片，以美樂唱片最多。

　　他留下的作品相當多，說唱方面有：〈阿日哥畫餅〉、〈百善孝為先〉、〈山豬哥反正／勸得好〉、〈招親歌〉、《周可仙礱穀》、《安童哥買菜》、〈奉勸少年〉、〈八七水災〉、〈銀票世界〉、〈勸世貪花〉、〈勸世惜妻歌〉、〈勸世歌〉（江湖調）等。讀者可進一步參考楊寶蓮〈客家民間藝人黃連添之研究〉（新竹縣文化局：《新竹文獻》第 19 期，2005 年 6 月，頁 24－45），裡面對黃連添的生平、作品有更詳盡的報導。

　　此唱本內容描寫父母生我、養我、育我，他們的功勞昊天罔極，為人子女者一定要孝順，俗語說：「百善孝為先」，為人若不行孝，可說是連禽獸都不如。同時，行孝要及早，免得留下「子欲養而親不待」的遺憾。讀者亦可參酌楊寶蓮博士論文《臺灣客語勸世文之研究－以〈娘親渡子〉為例》中的〈十月懷胎〉、〈娘親渡子〉、〈十恩德〉等內容。

內 文

唱：【山歌子】

盤古開（ia）天〔就來〕到如今（a），

出有曹（o）安第一〔來〕有孝心（a）；

天做〔就〕飢（a）荒〔就來个〕無米食（na），

曹安〔來〕殺（a）子奉娘（o）親（o）。

曹安〔就〕行（a）孝（ua）〔就來个〕傳千古（lio）（a），

君王聽（a）知……心（a）；

親賜官職〔來分个〕曹安做（lio），

金鑾殿（a）上（a）封（na）大臣（o）（eˇ）！

唱：【平板】

大家〔就〕盲知這個行孝好（io），

來聽曹（lio）安便知（lio）情（na）（a）。

唸：【平板雜唸仔】

一來奉勸諸君〔來〕少年郎，少年阿哥〔來〕並姊妹，大家〔斯〕偲愛想。

愛想〔个〕爺娘〔來〕細細〔來〕渡偲毋得大，實在〔來〕渡偲〔來〕苦難當。

降子盲知娘親个受苦，降女〔个〕正知〔个〕無良方。降著該係有孝子，做人个爺哀，跈著佢〔正來〕喜（ia）歡（o）歡。食飽〔斯〕真快樂，快過日來日（a）日安。降著〔斯〕有一種不孝子，做人〔就〕爺哀〔斯來〕跈著佢（ia），實在〔來〕還悽慘，恰似面前惹債樣。……，佢都毋歡喜，有時細人〔來〕擲著〔係來〕毋堵好，也敢大个狂來細个狂（a）！狂著个老人家（a）雙雙淚，想著降著〔斯〕這種个子女，今日分佢〔斯來〕不孝，實在〔想起个〕目汁雙雙淚，毋當〔个〕當初〔來〕屙瀉巴〔佢斯來〕落屎缸倒〔來个〕有較贏，毋使今晡日恁冤枉恁郎當。爺娘想子〔斯〕長江水（leˇ），仰般〔个〕子想爺娘並無擔竿（na）長？大家〔个〕朋友姊妹毋相信（na），毋信，來看該大河水，逐條流往下你看哪條流往上？諸君姊妹〔來〕少年郎（a），大家你要想。愛想〔就〕阿姆十月〔斯〕娘辛苦，該肚屎大該央時，行路乜䟆碰[1]又䟆碰。高凳想愛〔來〕擲落去[2]，驚怕〔來〕放無

---

1 䟆碰：音 longˇ pongˇ，大腹便便、行動不便的樣子

2 擲落去：音 dab log hi，坐下去。

平，橫轉去就會〔來〕挺挺昂³跋毋虒。矮凳兜來〔斯〕想愛來擲落去（io），險險搵壞阿姆个肚腸。三餐毋敢〔來〕食到飽（ua）！餓到〔斯〕阿姆（lio）面黃（lio）黃（a）！

唱：【平板】

燒个毋（o）敢拈來（lio）食（o），

冷个（ia）毋（o）〔來〕敢（ia）拈來（lio）嚐，

冷个〔來〕（ia）拿來〔就來〕吞落肚（o），

恰似（o）冷（o）冰見心（o）腸（a）！

唸：【平板雜唸仔】

百般悽慘事，仰般悽慘〔斯〕偓个爺娘。十月懷胎〔來〕生產〔斯〕日子到（a），肚屎〔斯〕一下痛，兩眼〔來〕淚茫（na）茫。眠床肚〔正來〕爬下又蹶上，〔唉唉呦呦〕〔來〕喊冤枉（a）。喊爺合喊（io）娘。〔正來个〕天上無梯愛爬上去，地下〔个〕無空〔斯〕也想鑽（呢）！當痛時節〔來〕失魂去，鐵釘拿著〔斯〕咬得斷。老古人言〔斯〕講个話，講得真無差（na），有福个婦人家，得人个〔正〕三餐雞酒香（na）。無福个婦人家（a），實在還衰過（o）做到一個月，分你扛下〔斯〕又扛上。奉勸諸位〔來〕男女〔斯〕少年郎（a），各人自己〔斯〕愛細想。愛想偓俚出世時，阿姆降偓時，降（a）出正會無乳食，爺娘用〔了〕糖分偓飼，一夜同偓飼到光（o）。飼到三朝過，日裡食娘身上血（a），夜裡娘親苦難當。一堆屎一堆尿，仰般悽慘〔來〕偓个（na）娘。正渡到〔該〕兩、三歲（io），當會打潑賴⁴，有時又毋堵好，食燒食冷來積著，〔該乜〕傷寒感冒來泌著，有一種泌著〔該〕慢皮風⁵。肚屎大碰碰，面仔又黃黃。比上比下無好比，親像山頂（斯）一隻大猴王。屙屎滿床屙，十人看見九人驚，毋敢分佢上眠（a）床。總係阿姆毋盼得（a），同偓捉來揹（ia），同佢捉來摘，揹到〔來〕背囊頂，臭風屎同阿姆〔就〕屙到〔來阿姆〕滿背（lio）囊。熱天時節還較得，冷天時節仰般難（a）當。有時該家中人〔來〕喊食飯，阿姆（斯）張著〔个〕一碗飯想

---

3 挺挺昂：音ten\ nen\ ngong∕，倒栽蔥。

4 打潑賴：音da\ pad\ lai，指幼兒因沒有得到自己所想或如自己所願，而又哭又鬧。

5 慢皮風：音man pi˘ fung∕，為一種風邪入肚的毛病。風邪為感冒風寒之意，源於中國，後流傳至日本，又再度借用回中國。

愛〔來〕食，聽著子女〔斯〕吱吱嗷（a），兩腳走忙忙。飯碗放忒無kua食[6]，行前來細聲拐細聲騙（a），毋敢亂胡（ua）章。拐到〔斯〕子女恬飯仔冷颼颼。盲知〔該〕孤盲絕代〔个〕烏蠅公，恁孤盲續來飯竇〔斯〕來屙卵。兜著齧齧扒落去（ia），食落肚鏗鏗鏘鏘，一夜都無睡（ia），便所下〔斯〕適个運動會[7]，一夜走到光（a）。養大子女分子〔來〕不孝（a），佢看吾姆（a）〔就〕功（o）勞（a）在哪（io）往（a）？

唱：【平板】

〔偃个〕爺哀在（io）生（a）〔佢都〕毋曉想（lio）。

死忒時（lio）節（ia）〔正來〕哭斷腸（na）。

靈前跪（io）等〔正來斯〕哀哀哭（lio），

千跪萬（o）拜（ia）一爐（o）香（na）！

〔偃个〕爺哀在（o）生毋〔曉來〕孝順（o），

死忒（a）時（io）節（ia）〔正來个〕哭靈魂（na），

家鶴〔你就〕想（lio）轉〔實在斯〕有忒慢（lio），

毋得爺（lio）〔就〕娘（o）再相（o）逢（na）！

爺哀在（io）生〔偃俚斯〕毋曉愛（io），

死忒正（lio）來哭哀哀（na）（a），

家鶴〔你就〕想（lio）轉〔實在斯〕有暢慢（lio），

毋得〔偃个〕爺哀還生（o）來（na）！

唱：【山歌子】

大家聽（a）轉〔確定〕有孝心（na），

愛知爺（lio）娘恩義（lio）深（na），

誰人聽（a）轉〔曉得斯〕行孝順（lio）（a），

世代〔斯〕子（lio）孫和睦（lio）深（a）！

唱：【平板】

大家〔就〕男（o）女愛孝（o）心（o），

行孝（a）之（o）人福祿（o）深（a），

男男（o）女（o）女也一體（io）（o），

6　無kua食：音mo˘ kua siid，來不及吃、沒時間吃。

7　適个運動會：音di ge iun tung fi，意指拉肚子。

行孝（ua）〔的（o）確（a）〕子孫出賢人（a）！

唸：【平板雜唸仔】

又來奉勸〔來〕少年姊，少年个青春小姑娘。妳愛聽偃說（a）分章，男大當婚〔斯〕女大嫁，長大〔就來个〕來嫁夫，算起來〔斯〕係應當（a）。

〔就來个〕行嫁到男家頭，少年姊，少年（a）娘，偃俚的確〔來〕愛孝順，愛來〔个〕孝順家官（o）並家娘，這位正係〔來〕偃个真祖堂（a）！

有一種个三八个婦人家，佢就毋曉想，看著〔斯〕家官並家娘，準佢係外人樣（o），有時〔个〕爺哀〔來〕講著佢，佢就〔來〕大受氣，磨拳蹬爪同佢〔來〕應一（o）場，〔就來个〕大聲〔來〕亂胡章，罵得〔个〕老人家乜閼得〔來〕無氣殼，乒乒乓乓聲〔就來〕上眠床，續得病（ua）來苦難當（a）。

青春少年姊，這種罪責〔斯〕何人當？勸君的確〔來〕愛行孝（na），行孝之人〔斯〕有好尾；不孝之人〔來〕罪（啊）難（na）當！莫講〔來〕不孝就無報，偃个頭拿頂，舉頭三尺〔斯〕有神（o）明，〔正來斯〕灶君爺，三日〔斯〕一拜〔來〕上（a）天（a）庭（na），將這凡間子一切奏分上帝〔斯〕得知情（o），奏去〔个〕民間事，行孝之事〔斯〕多講起呀（ia），〔就來个〕玉皇上帝〔來〕聽言章，心肝有主張（lio），就降奏章（a）下地府分閻（na）王，喊了閻王天子〔斯〕來判斷。分偃个人（na）〔就來个〕好心人，佢就來降福（a）；壞人就同佢來降災（na）殃。好人生有孝順子（le ˇ）；忤逆〔斯〕還生〔該〕忤逆娘，實在還悽慘，若係來討心臼，本本〔个〕討〔有該〕不孝娘，會討該種〔該〕三八娘（a），該下就知冤枉，該下就無同你分係老抑幼，也同佢亂胡章（lio），〔該斯〕屋簷流水〔斯〕點點對（a），並無一點〔斯〕流在旁！奉勸姊妹〔來〕少年郎，偃俚愛改過（a），十惡〔斯〕拿來〔斯〕從一善，偃俚〔斯〕改成〔斯〕好心腸，的確〔斯〕愛賢良（a）！孝順還生〔來〕孝順子，討有〔該〕〔正來个〕孝順〔个〕心臼娘，〔就來斯〕孝順的確〔來〕有好處，一定〔來〕壽年〔來〕會較長，行孝無論家中貧窮摎富貴，有錢人〔正來个〕行孝娘用酒肉〔正來〕奉三餐；窮苦人〔偃來〕行孝娘用言語〔偃俚〕較順（na）良〔就〕感動爺哀个心腸（a）！有時〔斯〕出外去，看著〔斯〕有好物就來買，買著〔來〕半斤並四兩，買著〔來〕半斤四兩一，較好死（io）去（ia）剮隻大豬羊（na）！

唱：【平板】

個人（na）自（o）己〔偃俚正〕愛分明（o），

爺哀（ia）〔來〕降（o）偃偃俚〔乜愛〕降人（na），

爺哀（o）降（o）偃望〔偃就〕有好靠，

偃俚（ia）〔就〕養（o）子（a）〔又乜來〕望孝心（a）！

大家（a）〔就〕男（o）女〔大家斯〕愛賢心（o），

爺哀（ia）功（o）勞〔實在斯〕海樣深（a）（na），

誰人（a）曉（o）得〔轉去斯就〕行孝順（o），

〔你就〕榮華富（o）貴（ia）值萬（o）金（na）（a）！

【唱本終】

8.
黃連添〈銀票世界〉

導　讀

此乃1968年9月30日，鈴鈴唱片出版，編號KL238，由黃連添演唱的作品。

俗話說：「人為財死，鳥為食亡」，又說：「有錢能使鬼推磨」，演唱者將「錢」擬人化稱之為「銀票哥」，諷刺凡夫俗子追求金錢的醜態。

內　文

唱：【蘇萬松腔】

〔个就〕大家〔哪〕叔公，

〔一般來〕並叔婆〔哩〕（ni）；

〔个就〕青年大姑〔來〕小姐〔呀〕，

聽俚〔來〕說該銀票歌（o）。

唸：【平板雜唸仔】

〔个就〕特請〔一般个〕叔公〔來〕並叔（a）婆，〔个〕叔公、〔个〕叔婆，大家來聽的確〔來〕笑呵呵。〔个〕大姑〔來〕並小姐，〔个〕大家〔个〕詳細〔个〕聽俚唱這勸世文。人生最重要个性（a）命寶，〔个〕喊到（啊）「銀票哥」，大家所有〔个〕男女愛用著，也速來說〔講係〕「銀票歌」，〔个〕又有文明〔个〕又笑科。銀票就係俺个鎮家寶，〔个〕生理大家買賣算來通流（a）貨，世界不過〔个〕銀票〔來〕千百種，〔个〕紅青、〔个〕赤綠，〔个〕來算實在差真多。〔个〕雖然〔个〕落嘴〔來〕食毋得，〔个〕毋過〔个〕男婦〔个〕老幼〔來〕大家〔來〕想多多。〔个〕人情〔个〕兩事〔个〕錢做主，〔个〕身無〔个〕銀票〔來〕百樣無。〔个〕大家若係知得這個真情事，大家省儉到老毋使做，〔个〕南北，〔个〕兩

路〔來〕自由去，百樣光景若係看得到。〔个〕出門社會算來〔个〕分高低，〔个〕人生貧窮〔个〕富貴〔來〕差真多，毋過有人在〔來〕世間〔个〕三妻〔來〕並四妾，〔个〕有人〔个〕愛情〔來〕一世都〔來〕無。〔个〕人生想愛〔來个〕銀票來享福，□來省儉〔來〕賺多多。〔个〕幾多婦女〔來〕無話講，〔个〕全然乜係因爭[1]該張銀票哥。〔个〕也有人〔个〕父子〔來〕情斷線，無錢六親〔个〕算來係會生疏。人生因爭銀票哥，〔个〕各種个事業實在有人做，千般事業〔來〕造不盡，〔个〕也有人〔个〕賺食〔个〕車頭唇〔來个〕看便所。〔个〕陽間不比真地獄，〔个〕出門係無〔个〕三角、兩角的確就無好屙。〔个〕雜貨店个引進乜係因為銀票哥，生理〔个〕所在實在〔來〕多煩勞，不管三角、五角〔个〕人到也著稱，不過幾多欠債〔來〕無好討。耕種算來也係因爭銀票哥，早暗時常大家的確愛勤勞，〔个〕耕種食飽田園若係無愛做，〔个〕稗子一定會來靚過禾。〔个〕生理大家也係因爭銀票哥，〔个〕大小〔个〕生理的確愛勤勞，一元、八角也〔个〕好賺，〔个〕賺錢多少算來不論多。〔个〕做裁縫又乜係因爭銀票哥，〔个〕每日〔來〕食飽〔來〕凳頭坐，〔个〕衰過有人坐到〔來〕帶傷症，〔个〕暗了賺錢算來〔就〕無奈何。〔个〕做木匠又乜係因爭〔來〕銀票哥，〔个〕鋸子擎起實在愛〔來〕認真拖，〔个〕一空一榫的確愛鬥好，〔个〕榫頭若係無在〔个〕錢就會拿無。〔个〕刻苦泥水因爭銀票哥，踩踩踏踏[2]〔來〕工程多，〔个〕五呎〔來〕水秤〔來〕拿出去，風吹日曬〔來〕受奔波。打鐵若係因爭銀票哥，〔个〕六月〔个〕天公〔个〕爐邊〔个〕風箱愛〔來〕放勢[3]拖，〔个〕十搥、八捶打毋凹〔个〕硬勢〔來〕捶，〔个〕賺錢〔來〕打幾多。打石乜係因爭〔來〕銀票哥，〔个〕毋成企來毋成坐，萬斤〔來〕大石〔來〕打成物，〔个〕龍柱石獅〔來〕打幾（啊）多。

劏豬又乜係因爭銀票哥，〔个〕三更〔來〕半夜〔就來〕擎豬刀，無論〔个〕發風落水〔个〕也著去，〔个〕驚怕臭肉〔來〕堆恁多。算命先生因為銀票哥，〔个〕好運壞運算得著，〔个〕命中八字〔來〕天註定，〔个〕墨盤〔係來〕無水〔个就〕命就無。賣藥若係因爭〔个〕銀票哥，也有〔个〕男女〔來〕帶等〔來〕唱山歌，有人〔來〕打拳〔來〕行腳步，〔个〕文武精神〔來〕用幾多。〔个〕三輪車

---

1 因爭：音 in ˇ zen ˇ，因為。

2 踩踩踏踏：音 caiˇ caiˇ tab tab，踩進踩出，比喻猶豫不決的樣子。

3 放勢：音 fong se，盡全力、儘量去做。

又乜因爭〔來〕銀票哥，發風落水也著拖，無論路頭〔來〕近也遠，〔个〕大箍細箍⁴〔來〕錢平多。〔个〕駛車又乜係因爭〔來〕銀票哥，〔个〕毋使出力〔來〕有好坐，〔个〕左右通行係〔來〕無注意，〔个〕兩儕相撞〔个〕貶車⁵的確性命無。〔个〕收租又乜係因爭〔來〕銀票哥，〔个〕天光食飽〔个〕出門〔來〕收到打暗摸，雖然事業〔來〕極小可，〔个〕本錢又少〔个〕利息多。〔个〕賣枝仔冰佢又乜係因爭〔來〕銀票哥，〔个〕七早〔个〕八早去〔个〕店仔賒多多，oˋhoˊ，〔个〕堵著〔个〕天公若〔來〕落大水，〔个〕連續〔个〕本錢〔來〕溶到無。〔个〕拖垃圾佢乜係因爭銀票哥，〔來〕死豬死狗也著拖，〔个〕每日食飽〔來〕滿街掃，〔个〕家庭生活〔來〕無奈何。〔个〕旅社又乜係因爭銀票哥，〔个〕思想〔个〕人客來多多，〔个〕頭家女中若係無待遇，歸個間房空囉唆。茶店仔又乜係因爭銀票哥，〔个〕花嬌〔个〕幼女〔來〕戴幾多，〔个〕總愛美女〔來〕嘴碼⁶好，〔个〕十個男人九痴哥⁷。妓女乜係因爭〔來〕銀票哥，〔來〕熬更守夜〔來〕門前等（a）情哥，〔个〕口說蓮花〔來〕用百計，〔个〕有錢有肉〔个〕情意多。〔个〕暗間仔⁸若係因爭銀票哥，門前坐等〔來〕笑呵呵。〔个〕有時遇著〔个〕野狂漢，〔个〕相搥鬥打〔來〕正孤盲。

〔个〕賭微先生因爭〔个〕銀票哥，〔个〕紙牌〔來〕擎起〔就〕日夜坐，〔个〕贏微時節買魚又買肉，〔个〕輸微連自家囔煙都會無。理髮〔个〕剃頭又乜係因爭銀票哥，〔个〕又愛修面並洗毛，〔个〕有時〔來〕遇著〔个〕骯髒鬼，〔个〕洗頭正知，唔，恁臭騷！〔个〕做戲乜係因爭銀票哥，〔个〕改頭〔个〕換面〔來〕唱山歌，也有〔个〕父子爭姐妹，上棚又乜〔來〕做兩公婆。〔个〕辦事人員又乜係因爭銀票哥，〔个〕午間〔个〕八點愛〔來〕上任坐，〔个〕有人〔个〕辦事知廉恥，有人辦事恁歪哥⁹。〔个〕打石炭又乜係因爭銀票哥，〔个〕入在空肚暗疏疏，〔个〕出來頭烏面暗〔來〕親像鬼，〔个〕想愛〔个〕銀票〔來〕盡命拖。〔个〕做賊乜係因爭〔來〕銀票哥，食飽日夜滿莊趖¹⁰，〔个〕男人喊做「大賊牯」，〔个〕

---

4 大箍細箍：音 tai kieuˊ se kieuˊ，胖子瘦子。

5 貶車：音 bienˋ caˊ，翻車。

6 嘴碼：音 zoi maˊ，口才，指說話的技巧。

7 痴哥：音 ciiˊ goˊ，原意為痴情的男子，後引申貶稱好色的男人。

8 暗間仔：音 am gienˊ eˋ，私娼館。

9 歪哥：音 vaiˊ goˊ，不正當的、偏私自己。

10 趖：音 soˇ，形容像蟲蠕動一般的爬行。

女人〔个〕喊做「老賊婆」。

〔个〕世上〔个〕萬般偃〔來〕道不盡，〔个〕編著幾條〔來〕做參考，〔个〕幾多〔來〕礪死〔來〕人生活，全部乜係因爭〔來〕銀票哥，〔个〕這下偃造到這止步！

〔个〕這下〔就〕來再造過，〔个〕大家叔公並叔婆，〔个〕若係〔來〕聽著，〔个〕壽年的確會〔來〕增較高；〔个〕生理頭家若係〔來〕聽著，〔个〕生理〔就〕會較好，〔个〕年年愛來加請〔該〕大承勞[11]；〔个〕萬一有〔該〕婦人家毋會降，〔个〕聽著轉去〔个〕年年降，年年年下屇，一年降一個，喊佢〔來〕好命婆。若係〔有講〕兩公婆〔个〕毋相好，若係〔來〕聽著，聽轉去的確兩公婆〔斯來〕會相好。暗晡夜，講到睡目火仔歙（a）烏，都會你趂佢也趂，趂啊兼，兩儕合嘴夾嘴仔，食田螺[12]，jid jid合zud zud，講到nid nid合nug nug，講ni ˇniˇ合noˇnoˇ[13]，兩公婆都來恁相好，一儕無想嫁，一儕無想討，無想再過討。做人家官家娘講：心臼倈仔[14]公婆〔都來〕恁相好，這條人情愛〔來〕想得著，麼儕來庇蔭，的確（li）愛來承蒙這本〔个〕〈銀票歌〉！

【唱本終】

---

11 承勞：siinˇloˇ，私人公司的夥計。

12 夾嘴仔，食田螺：音giab zoi eˋ、siid tienˇloˇ，指親吻的動作。

13 jid jid、zud zud、nid nid、nug nug、ni ˇniˇ、noˇnoˇ：皆為男女親熱做愛的狀聲詞。

14 心臼倈仔：音ximˊ kiuˊ lai eˋ，心臼指媳婦，倈仔指兒子。

9.
黃連添〈勸世惜妻歌〉

導讀

此乃1968年9月30日，由鈴鈴唱片出版，黃連添演唱的作品。

藉著「聯章」的方式說明：成年男子若是不娶妻將有諸多的不便，娶妻生子全家和樂融融，人生在世才有溫暖。並且奉勸未娶妻者要及時把握良緣；已娶妻者要珍惜目前所擁有的。一般的客語說唱大都唱【平板】、【平板雜唸仔】，而此首說唱是用【江湖調】來演唱，頗特別。【江湖調】屬於小調性質，多用於歌子戲的唱腔。

內文

唱：【江湖調】

大家來這坐（o），〔來〕聽〔斯〕倨來唱（a）勸世歌（a erˇ）；

後生〔就來〕聽轉（na）會孝順（a erˇ），夫妻〔就來〕聽轉會〔正〕和挼（a erˇ）。

奉勸後生講你知，〔就來〕你有餔娘（a）愛〔乜來〕惜佢（io）；

毋好〔就來〕早離〔正來〕好做檻[1]，無妻（ia）真孤（ua）栖[2]（a erˇ）。

〔哎喲就〕有緣愛想莫怨仇（li），毋好大空（a）補了哩（a erˇ）；

先日有妻〔你就〕毋曉惜，身邊無妻（erˇ）你正知（a erˇ）。

大家聽倨（ia）說分明，倨同你講係正經（a erˇ）；

有妻之人〔就〕無看到，單身漢仔真可憐（a erˇ）（iˇiˊiˋi i iˋerˇ）。

一想無妻（erˇ）恁孤栖（li），朝晨暗晡（ua）來洗衣（a erˇ）；

---

1 檻：音 cang，抬放嫁妝用的長方形木製開口式箱子。

2 孤栖：音 guˇ xiˇ 孤單、孤獨、落魄。

手拿衣裳丟落水，幾多暗切無人知（a erˇ）。

二想無妻（erˇ）哥自家，朝晨暗晡（ua）撿兜摸[3]（a erˇ）；

睡到三更〔就〕思想起，目汁（li）流到枕頭下（erˇ）（iˇi╱iˋi i iˋerˇ）。

三想無妻（erˇ）哥寒酸（li），衫爛褲爛（哪）膝頭穿（a erˇ）；

衫褲爛忒〔就〕無人補，無人同佢煮三餐（erˇ）（iˇi╱iˋi i iˋerˇ）。

四想無妻（o）哥打單（li），親像行船（na）在河邊（a erˇ）；

日裡漂洋〔時〕遊四海，夜裡無妻（li）實在難（a erˇ）。

五想無妻（o）自家煩（li），挨得水來（ia）火又烏（a erˇ）；

出門半月〔來〕十日轉，灶頭生草乜鑊生鹵[4]（iˇi╱iˋi i iˋerˇ）。

六想無妻（io）毋成家（erˇ），東西放到（a）衫□□；

無個妻子好檢點，親像人个牛欄下（a erˇ）（iˇi╱iˋi i iˋerˇ）。

〔正來〕七想無妻（erˇ）真可憐（li），想著有口（erˇ）都難言（a erˇ）；

朝晨出門（li）到暗轉（la），冷鍋冷灶無火煙（a erˇ）。

〔正來〕八想無妻（erˇ）家難成（li），出門三步人會驚（a erˇ）；

看吾身邊無妻子，驚佢糊〔糊〕塗〔塗〕瀾穆行（iˇi╱iˋi i iˋerˇ）。

九想無妻（erˇ）還郎當（li），出門三步人就慌（a erˇ）；

看佢驚怕瀾穆做，又驚〔佢來〕戲弄人餔娘（a erˇ）（iˇi╱iˋi i iˋerˇ）。

十想無妻（erˇ）〔就來〕哥〔愛〕賢良，後生毋好（ua）逞高強（a erˇ）；

〔正來〕後生偲俚愛老實，有錢毋驚〔斯〕無餔娘（a erˇ）。

十一無妻（erˇ）哥想長（li），賺錢毋好（erˇ）落婊巷[5]（a erˇ）；

〔正來〕靚媸[6]儘採〔就來〕討一隻，身邊有妻正燒暖（a erˇ）（iˇi╱iˋi i iˋerˇ）。

十二無妻（erˇ）愛認真（li），遠親薄戚（ia）做媒人（a erˇ）；

無論靚媸〔就〕討一隻，〔身邊〕有妻正毋會可憐（iˇi╱iˋi i iˋerˇ）。

十三無妻（ia）毋好愁（li），事業愛做（a）愛應謀（a erˇ）；

賺有錢銀〔來餔娘〕討一隻，自有雲開〔來〕見日頭（a erˇ）。

---

3 撿兜摸：音 giamˋ deu╱ mia╱，指很多雜事要處理。

4 鑊生鹵：音 vog sang╱ lu╱，鍋子長鐵鏽。

5 落婊巷：音 log beuˋ hong，去風月場所。

6 靚媸：音 jiang╱ zeˋ，美醜。

〔正來〕十四無妻討老婆，餔娘討轉愛和挼（a er˘）；

家中聲事〔就來〕煞猛做，富貴日子〔斯〕毋驚無（a er˘）（i˘i╱i╲i i i╲er˘）。

十五餔娘（a）討轉來（li），〔愛來〕教佢行孝偲爺哀（er˘）；

爺娘係天偲係地，年年添丁大發財（er˘）（i˘i╱i╲i i i╲er˘）。

餔娘討轉（na）出（la）頭天（na），歡喜⋯⋯〔就來〕來團圓；

一年〔係〕年半（li）〔正來〕生男女（er˘），手摘〔就〕孩兒（o）笑連連。

手摘孩兒（a）在胸前，紅紅〔就來〕幼幼（a）得人驚（a）；

〔正來〕一堆〔就〕屎來（li）一堆尿（a），仰得〔就來〕子大（a）出頭天？子大來出頭天哪（a）！

【唱本終】

10.
黃連添〈勸世貪花〉

導 讀

此乃1968年9月30日，由鈴鈴唱片出品，編號KL238，黃連添演唱的作品。

俗話說：「色字頭上一把刀」、「英雄難過美人關」，青年朋友往往因為貪戀女色而斷送了大好前程。演唱者藉著各行各業的人來說明，他們因為迷戀女色而導致不良後果，勸誡大家切莫貪花。「勸」的本義為鼓勵，但這裡「勸世貪花」的「勸」乃是其引申義，意思為「告誡」。

內 文

唱：【蘇萬松腔】

〔个〕一來（na）奉（a）勸（ni）〔正來个〕後生儕（ni），

〔㑔就〕青年〔㑔來〕朋友（a）聽𠊎〔來勸〕（ni）話（ni）！

唸：【平板雜唸仔】

〔㑔就〕一來〔个〕奉勸〔來〕後生儕，青年朋友〔就〕聽𠊎〔就來〕勸話，〔个〕各個〔來〕聽轉去，〔个〕的確〔个〕賺有錢銀愛省儉，〔个〕賺轉〔个〕降倕哀，〔个〕的確愛〔來〕降倕爺。〔个〕為人个世細〔个〕毋會差，人生在世的確莫貪花，〔个〕酒色〔个〕過度〔來〕正知（哪）差，做久身輕哪係知無力，妻兒〔个〕子女〔來〕打家花[1]。商業先生若好貪花，牽著嬌女〔來〕心起野，精神感覺〔个〕兩儕〔都來〕相恩愛，〔个〕妨身傷肺〔來〕害自家。耕種頭家若係好貪花，〔个〕愛米愛穀〔个〕分妹〔來〕任妳賒，賒到〔來〕自食〔个〕糧不足，〔个〕自家〔个〕番薯〔个〕摻米〔个來〕毋合家。劌豬阿哥〔來〕好貪花，〔个〕

---

1 打家花：音 daˋ gaˊ faˊ，家人彼此吵鬧甚至打架。

肥瘦豬肉〔个〕自在阿妹任意挖，〔个〕挖久豬刀〔來〕無油食，〔个〕自家油盎在个打翻車。〔个〕雜貨先生〔來〕好（a）貪花，胭脂（a）水粉〔个〕任妹拿，由佢〔个〕愛針抑愛線，〔个〕到久〔个〕空籠〔就會〕放在家。〔个〕做工先生若係〔來〕好貪花，〔个〕賺有錢銀總係〔來〕顧妹家，〔个〕有時有日〔來〕得著病，〔个〕衫又來穿空褲開花。出外先生若好貪花，爺娘妻子放在家，〔个〕三年〔就〕兩年〔來〕無轉屋，〔个〕將來妻子愛來嫁別儕。〔个〕單身阿哥你〔來〕好貪花，〔个〕為人〔來〕在世你〔來〕不立家，〔个〕無想妻兒〔來〕傳後代，〔个〕香爐的確會〔來〕放在〔來〕竹頭下。〔个〕當流妓女〔來〕好貪花，〔个〕出門切莫亂亂惹，〔个〕有時惹著哪係「毋著貨」，〔个〕傳染〔來〕痘子〔來〕并棉花[2]。〔个〕為人〔个〕婦女毋好〔來〕好貪花，〔个〕貪花，叔公阿伯〔个〕面目〔个〕的確愛來遮。不過有人〔个〕家庭〔來〕負責任，〔个〕有人〔个〕命中〔來〕帶桃花。佢造出良言〔來〕勸君家，〔个〕男女莫做「過頭花[3]」，〔來〕貪花酒色（來）身染病，〔个〕離妻〔來〕別（a）子（a）〔个〕會來害自家（na）！

【唱本終】

2　棉花：音 mien ˇ fa ╱，此處指性病。

3　過頭花：音 go teuˇ fa ╱，好色過量的人。

11.
黃連添〈勸世養子歌〉

導　讀

此乃 1968 年 9 月 30 日，由鈴鈴唱片出版，編號 KL-1550，黃連添演唱之作品。

此說唱是用「聯章」方式說明母親從懷孕開始，接著生子、育子，一直到子女長大成人，受盡各種的煎熬，母親有養育之恩，所以為人子女者有反哺之義。後半部，亦奉勸各行各業的人，每個人要敬業，自然會有出人頭地的一天。

此說唱的前半部，從「一想渡子（o）大功臣（li），毋成食來（ia）毋成眠」至「十想渡子（o）毋得知，毋知子兒个（ia）心理」其實是客語勸世山歌〈十想渡子〉的內容，讀者可參閱楊寶蓮博士論文《臺灣客語勸世文之研究－以〈娘親渡子〉為例》第三章，有關〈十想渡子〉的異本及考校。

內　文

唱：【江湖調】

　　一想渡子（o）大工神（li），毋成食來（ia）毋成眠；
　　一夜〔就〕睡來無半夜，一夜毋得到天光（a erˇ）。

　　二想渡子（o）難了難（li），肚飢想食手無閒（na a）；
　　肚飢想食手無閒，正知渡子恁為難（a erˇ）。

　　三想渡子（o）恁艱辛（li），毋成食來（ia）毋成眠（a erˇ）；
　　還細時節〔來〕頭燒痛，做人爺娘還艱辛（a erˇ）。

四想渡子（o）真難當（li），屎尿冷過雪如霜（a erˇ）；

子無睡來（li）娘無睡（a erˇ），一夜毋得到天光（a erˇ）。

五想渡子（o）講你知（li），艱難受苦（ua）渡大你（a erˇ）；

長大成人〔斯〕毋曉想，枉費爺娘（li）个苦心（a erˇ）。

六想渡子（o）無奈何（li），又驚渡大（ia）無功勞（a erˇ）；

自己還愛〔來〕生男女，〔愛知〕爺娘（li）渡偃恁奔波（a erˇ）。

七想渡子（o）苦難當（li），爺娘功勞（a）毋好忘（a erˇ）；

愛想當初〔就〕姜安子，七歲送米〔來〕到庵堂（iˇiˊiˋiiiˋerˇ）。

八想渡子（o）用苦工（li），愛想爺娘恩義重（a erˇ）；

爺娘想子〔係〕長江水，子想爺娘（a）一陣風。

九想渡子（o）苦難當，〔一心〕看子長大有春光（a erˇ）；

㫘知大來〔斯〕佢不孝，〔做人〕爺哀強會闕內傷（iˇiˊiˋiiiˋerˇ）。

十想渡子（o）毋得知，毋知子兒个（ia）心理（a erˇ）；

渡到分佢〔斯〕來不孝，做人爺娘毋值哩（iˇiˊiˋiiiˋerˇ）。

〔唉喲〕好子〔降到〕毋使降恁多，壞子〔來〕降多加拖拉（a erˇ）；

事業全然〔斯〕無愛做，桁來飽去滿街趖（iˇiˊiˋiiiˋerˇ）。

毋好好食懶停動，誤了青春（na）少年春（a erˇ）；

老了無人好所靠，身體有病〔會〕走無空（iˇiˊiˋiiiˋerˇ）。

奉勸歸人（na）愛認真，偃俚做人有（ua）良心（a erˇ）；

暫時失敗無要緊，自有朋友會牽成[1]（iˇiˊiˋiiiˋerˇ）。

做人心肝（na）莫想橫，同你轉去（ia）擔輸贏（a erˇ）；

有借有還〔你就〕千百轉，有借無還〔你就〕無路行（iˇiˊiˋiiiˋerˇ）。

1　牽成：音kienˊ siinˇ，選取人才，予以提升任用。

有借無還（na）得（a）人（a）驚，就像〔就來〕老虎（哇）出深山（啊）；

十人〔正來〕看著〔正來〕九人罵（a erˇ），後時〔正來〕麼人敢幫忙（a erˇ）？

又來奉勸（na）讀書人（a erˇ），讀書〔就來〕阿哥愛認真；

有書〔就〕好讀〔正來〕你無愛（ia），〔正來〕毋識〔來〕瞎字（a）苦傷心。

又來奉勸（na）耕田人（a erˇ），耕田〔就來〕阿哥愛認真（a erˇ）；

耕田〔就來〕阿哥〔就來〕好嫖賭（a erˇ），田園〔就來〕生草（a）少收成（a erˇ）。

再來奉勸（na）手藝人（li），手藝阿哥（a）愛認（ia）真（a erˇ）；

手藝分人〔就來〕做得好，千遠路頭〔佢乜〕會來尋（iˇiˊiˋi i iˋerˇ）。

又來奉勸（na）〔正來个〕生理人，生理阿哥（ia）愛（ia）認真（a erˇ）；

生理（ia）阿哥（a）好嫖賭，店場當市[2]〔來〕也閒情（iˇiˊiˋi i iˋerˇ）。

奉勸姐妹（ia）少年人，大家聽轉（o）愛孝心（a erˇ）；

誰人曉得〔就來〕行孝順，行孝之人值萬金（a erˇ）。

〔愛〕聽佢唱歌鬧洋洋（li），朋友姐妹問端詳（a erˇ）；

後生聽著會賺錢，老人聽著壽年長（o）（iˇiˊiˋi i iˋerˇ）。

【唱本終】

---

2 當市：音dongˇ sii，指適合做生意的熱門地點。

12.
黃連添〈阿日哥畫餅〉

導 讀

　　此乃1965年1月10日，由美樂唱片出版，編號HL260，黃連添演唱之作品。為何取名為「阿日哥畫餅」？根據彭文銘先生說法及筆者個人考察，應該是當年美樂唱片行老闆彭雙琳很有生意頭腦，為了要讓唱片暢銷，往往會推陳出新，用新題目裝舊歌曲，例如：M-027 HL-238 A面的〈雙花亂〉其實是勸人勿貪花的勸世文；M-016 HL-216 B面的〈湖上鴛鴦〉也是勸人夫妻要和睦的勸世文。

　　此內容描寫臺灣光復（1945）前夕，人民生活困苦，尤其米糧嚴重不足，日本採取配米制度，所以民間興起「糶夜米」的風氣。除此之外，各種民生物資亦是短缺，統治者又要調百姓去「奉工」，人民苦不堪言。民國三十八年臺灣光復了，大家莫不喜氣洋洋。另外，客語也有將一個人空口說大話，做事不踏實稱之為「畫空殼餅」；「阿日哥」指日本，所以「阿日哥畫餅」亦有暗諷統治者－日本政權的不務實際。

　　此說唱乃是演唱者自編的內容，不但是產生於本土的內容，還具有史實的價值。另外，它的唱腔除了用客家的曲腔【平板】、【山歌子】外，也用歌子戲的唱腔【七字調】，從中也可見到閩、客戲曲音樂交流、滲透的情形。

內 文

唱：【山歌子】

　　日本（o）管（io）理（io）該央時（na），

　　無米百（ia）姓（ia）麼（a）人知；

　　有錢（na）上（a）街（ia）無米（io）糶²（lio），

1　糶：音tag，買。糶，音tiau，賣。

官廳（a）設來配米期（o）！

說：啊！有影日本講愛光復該下實在還冤枉喔，有錢都無米糴，這兜百姓〔斯〕仰般衰過，官廳續來配米，一儕配著三合喔，仰般喔艱苦過日〔斯〕，你知嗎？

唱：【平板】

正月裡（io）來（ia）〔係〕新年（o）時（na），

想起（lio）配（o）米（ia）還慘（o）悽（na）；

一日配（lio）著〔正〕無〔就〕三合（o），

〔个〕每日〔正都〕（lio）係（ia）半飽〔就來〕半飢（ia）！

〔一想〕無（o）米實在〔就〕苦難當（a），

〔个就〕米袋拿（lio）下又拿（lio）上（a）；

相賽[2]愛（io）來（ia）〔正來就〕糴夜米（o），

糴兜（o）米（io）糧來貼（a）幫[3]（o）！

二月裡（io）來（ia）係春（o）分（na），

想著（lio）配（io）米（ia）亂紛（o）紛（na）；

配著〔𠊎〕自（lio）家（io）食無（o）罅[4]（a），

乞食〔仔就〕來（io）到（a）〔續來个〕無好分（na）！

二想無（lio）米還可（lio）憐（na）！

每日〔𠊎就〕上（a）山（o）〔去〕挑〔个〕番薯根（a），

挖兜（lio）番（o）薯（ua）來幫（o）貼（lio）（na），

半飢（lio）〔就〕半（na）飽（o）毋入（lio）神（na）！

三月裡（io）來係清（lio）明（na），

想著（a）配（io）米（ia）〔个今斯〕會著驚（a）！

三餐（lio）食（lo）个（lio）〔正來个〕野苦賣[5]（a），

糟腸（a）挩（lio）肚[6]（ua）〔𠊎正來个〕面皮青（a）。

三想無（lio）米〔實在〕還缺虧（o），

2　相賽：音xiongˇ coi，爭先恐後。

3　貼幫：音tiabˋ bongˇ，補貼。

4　罅：音la，足夠。

5　野苦賣：音iaˇ fuˋ magˋ，苦萵苣。

6　糟腸挩肚：音zoˇ congˇ iaˋ duˋ，腸胃中缺乏油脂而感到不舒服的狀態。

想著〔偓正〕目（o）汁（a）兩片（o）隨（a），

豬肉〔正〕又無（ua）〔正來个〕自由割（lio），

〔个〕齋齋〔來〕餓（a）餓（a）〔實在个〕得人畏（ia）！

說：唉！有影啊！想著當初時節呀，這個日本堵堵愛光復該下，該〔斯〕仰般衰過，
唉！該時劇隻豬仔〔斯〕，該豬店[7]〔斯〕圍到差毋多有幾下百儕，一儕割著〔該〕
兩兩，兩、三兩仔，唉！轉去大家〔个〕細人仔煮哇著斯，vi vi ve ve，相賽罅[8]，
一下仔食淨淨去了。唉！這下ho丶，這個四月來ho丶，又係恁衰過，你知嗎？

唱：【平板】

四月裡（na）來日頭（lio）長（na），

想著（o）〔个〕配（o）米（ia）還難（lio）當（a）！

鑊頭洗（io）下（lio）〔正來斯〕無米放（a），

半筒（o）煮（lio）出（ua）半鑊（o）湯（a）。

四想無（o）米〔實在就〕苦難當（a）！

三餐（o）食（lo）〔个〕（ia）番薯（a）湯（a）。

家中（o）大（io）小（io）〔正來斯〕吱吱嗷（ia）！

想愛來去（io）糴兜米來救糧！

五月裡（io）來是端（na）陽（lio），

想著〔就來〕配（o）米（ia）〔偓正來〕心就酸，

摘兜（lio）雜（a）菜（ia）來相（lio）添（lio）（a），

〔个〕攄攄（lio）罅（lio）罅[9]（lio）〔又乜來〕過一餐（na）（a）！

五想無（lio）米實在還缺虧（na）（a）！

想著〔偓就个〕目（o）汁（a）〔會來个〕兩片隨（na），

〔想愛〕糴兜夜（lio）米（ia）來補貼（lio）（a），

〔个〕黃昏（o）出（lio）門（na）半夜（lio）歸（na）（a）。

六月裡（na）來係緊（o）工（lio），

人人（o）割（lio）禾（ia）鬧融融（a），

手摔包（na）袱〔來去〕尋事做（lio）（a），

---

7 豬店：音 zu丶 diam丶，傳統市場中賣溫體豬肉的小鋪子。

8 罅：音 la，撈。

9 攄攄罅罅：音 lu丶 lu丶 la la，原指尋尋覓覓，引申為清貧地渡日。

　　耕田阿（lio）哥（a）〔正來个〕挶[10]換工（a）。

　　六想無（a）米〔永怕係〕還係衰（o），

　　想著苦水會笑鑊，

　　愛走三冬〔正來斯〕無人請（lio），

　　〔个〕想起〔就〕當（o）初（ua）〔實在〕還拖胲[11]（na）。

　　七月裡來是立秋，

　　想起（lio）配（lio）米（a）還無修[12]（a），

　　米袋拿（lio）等講係〔來〕去撞，

　　又愛面目（a）又愛〔來〕朋友（o）。

　　七想無（lio）米〔正來个〕當初時（na）（a），

　　〔倕就這下〕倕〔就〕常（a）常（a）〔正來个〕記在（io）心裡（a）！

　　後來得（o）有（o）光復後（na）（a），

　　〔就〕子民（na）〔就〕百（lio）姓（a）笑咪咪（a）！

說：唉！想起當初个啊配給米實在有影喔，十家都有十一家在該喊「阿姆哀」喲！

　　〔个〕實在呀有影就還衰過就係！

唱：【七字調】

　　八月裡（io）來月（a）團圓（a），

　　想著〔就來〕配（ia）米（ia）〔个〕（io）時間（a），

　　一日毋得〔就〕一日過，

　　又愛做工（o）又賺錢（na）。

　　八想〔就〕無（o）米（o）〔實在〕還可憐，

　　〔个〕劏著〔一隻〕（a）豬（a）仔（o）專（o）專（o）人（na），

　　配著三兩〔就〕兩（a）兩〔還係〕偷歡喜（lio），

　　〔正〕趕緊〔就來〕轉去（lio）煮（o）無（a）停，

　　趕緊煮（o）無（a）停！

說：唉！配這个豬肉，一俖分著〔个〕幾兩仔，拿來一下煮，煮著〔斯〕兩三碗公个

　　湯，〔个〕細人仔就圍呀兼（lio），相賽罅，大人想食啊專專〔个〕就伸著湯了哪！

---

10 挶：音giug，忍住、悶住。

11 拖胲：ia丶goi✓，喻束手無策。

12 無修：音mo˘xiu✓，喻沒有好好的修行，才會造成現今的後果。

唱：【平板】

九月裡（lio）來係重（o）陽（na），

想著（lio）無（o）米（ia）實在還難當（a）；

該下有（lio）米（ia）〔倕都〕毋驚糙（lio）（a），

〔倕就〕有麼好食（lio）毋驚〔粥水〕湯（a）。

九想無（lio）米〔實在都〕還冤枉（lio），

心肝（o）想（a）著（a）亂茫（lio）茫（a）！

頭路也（lio）愛（ia）〔正來个〕認真做（lio）（a），

半飢（lio）〔就〕半（na）飽（ua）度春（lio）光（a）！

十月裡（lio）來（ia）又一冬（o），

〔官廳〕調了〔就〕百（lio）姓（a）去奉（o）公（a），

〔也有〕（lio）做（o）著（a）三年過十日（lio），

倕也〔就走〕（lio）去（ia）做〔个就〕一百工（a）。

說：唉！也有做三個月過十日，倕就走去做一百工啊，該兜講做平多工得是呢。唉！也有人做到破病轉，也有人做到〔斯〕有影屙紅[13]，你知嗎？

唱：【七字調】

十（a）想奉（a）公倕哥〔正來〕兄（a），

隨時離（o）別（a）偲家（a）中，

三餐〔正〕食無好足意，

〔个〕歸隻〔來〕飛（o）來（ia）激（io）激（ia）顫[14]，

想著〔个〕走無空（a）！

十一月裡（a）來（ia）冬節來，

想著（a）無（o）米（ia）心悲哀，

無錢〔就無銀〕奉公也愛做，

苦難〔正〕一切（o）〔苦〕（o）正過（o）來（ia）。

十一想無（o）米（ia）還（a）可（a）憐，

火石[15]又來掃〔來在〕門前，

---

13 屙紅：音o╱ fung╲，大便帶血的毛病。

14 激激顫：音 gid gid zun╱，因為冷或害怕而顫抖。

15 火石：音 fo╲ sag，指砲彈。

〔个〕田中〔愛來〕做事（ia）〔又〕做毋得（leˇ），

〔个〕一頭出門一頭驚！

十二月裡（ia）來又一（a）年，

〔个〕堵著〔偓个〕祖國（o）來（io）〔正〕臺（a）灣，

〔个〕子民〔就來〕百姓（a）〔實在就來〕還歡喜（io），

〔个〕滿街〔就來〕紙炮（leˇ）響（o）〔就〕連（a）天！

紙炮〔來〕響連天！

說：喔！到該下出頭了哪，喔！該青天白日滿地紅了哩！

唱：【山歌子】

十二想無（lio）米〔也來〕又出頭（na），

祖國（lio）來臺〔偓俚〕毋會愁（lio），

〔就〕百姓（lio）拖（lio）鞋（na）〔正來〕並著襪（lio），

〔个〕老人（a）〔正來變青春〕（a）面皮毋會憔！

【唱本終】

13.
黃連添〈八七水災〉

導 讀

此乃1968年9月30日，由鈴鈴唱片出品，編號KL238，黃連添演唱的作品。

民國四十八年八月七日臺灣下了一場豪雨，釀成了巨大的災害，這就是「八七水災」，此篇說唱詳細的描寫災情的一切經過及情景，有如報導文學性質，是屬於臺灣本土的客語文學作品，彌足珍貴。

內 文

唱：【蘇萬松腔】

〔𠊎就〕再來（na）奉（a）勸（a）世間人（ni），

〔个就列位斯〕大姑小姐聽分（na）明（ni）！

唸：【平板雜唸仔】

𠊎再來勸化列位朋友親，大姑（ua）並小姐，〔个〕兄弟〔來〕並（a）姐妹，〔个〕叔婆伯姆大家〔來〕聽分明，這下愛〔來〕比較論，講著人生〔來〕莫論真，〔个〕的確愛〔來〕看破〔个〕這擺〔个〕水災情。〔个〕水災〔來〕多損害，老幼〔來〕死傷〔个來〕算來（ia）無數人。

民國己亥〔个〕七月事，初四〔來〕下午〔來〕災降臨，崩山水流〔來〕不知數，幾多〔个〕屍首無哪好尋。苗栗〔來〕縣內〔个〕也受害，〔个〕死傷來算最少還有百零儕。臺中〔來〕豐原〔來〕最悽慘，〔來〕天災地變〔來〕講無情。彰化〔來〕內外〔來〕多損害，〔个〕水浸街坊〔來〕不安寧，商行大店〔來〕全破產，家破〔來〕人亡實在還可憐。埔里各處〔來〕多損害，草墩〔个〕田園〔个〕打壞實在難翻身，〔个〕北港〔來〕嘉義〔來〕透出峽，〔个〕山崩地裂實在驚死

人。數百餘年都無人變，〔个〕水蔭〔个〕人屋足足丈零深。後龍大肚橋斷絕，死傷〔來〕幾多〔來〕算來係漁民。

〔个〕毋怕你財高〔來〕勢力大，〔个〕災劫無分有錢人。總統實在〔个〕有民心，〔个〕親身〔來〕調查〔來〕災地形，看著這個水災〔來〕恁傷害，總統想著〔來〕嘆可憐。數萬〔來〕災民〔來〕無米食，無屋無舍〔來〕好安身，隨開國庫就〔來〕救濟，飛機放糧〔來〕救災民。好得〔來〕政府〔來〕保護，無就毋知愛餓死幾多人？無屋無舍〔來〕收容所，〔个〕無衫無褲正苦情。

此回〔來〕災劫的確愛看破，大家受□家〔來〕救災民，〔个〕幾多〔來〕同胞〔來〕試衫褲，〔个〕善良之人〔个來〕寄互金。各國〔个〕都有〔來〕救濟，美國个麵粉〔就〕來無停。毋過水災〔就〕盲過人心變，恰似〔來〕飢荒〔來〕一般形，各有食物續來起大價，非言亂語都〔來〕講無停。無想〔來〕災劫〔來〕重重到，總想愛做〔个〕有錢人，一斤〔就〕想〔來〕賣〔个〕兩斤價，大小个生理續來起橫心。全省个劏豬會來放□□，就係因爭大家買賣〔來〕不公平。

〔个〕惡心賺錢〔來〕買（a）田地，〔个〕善良〔个〕之人〔來〕保佢身。若逢天災〔來〕末劫到，〔个〕天地〔來〕照常〔來〕兩（a）分明，人生不知〔來〕修行道，〔个〕耕牛都知〔來〕救災（a）民。〔个〕為人在世〔來〕無道德，〔來〕害子〔來〕害孫〔就〕難出身，〔个〕莫道陰司〔來〕無人見，〔个〕日月〔來〕三光〔來〕做（a）證明。〔來〕千謀萬謀〔來〕兒孫福，〔个〕死在（a）地獄〔來〕無六親，〔个〕生理〔來〕買賣愛〔來〕憑秤斗，〔个〕莫來〔个〕罪惡（a）帶上身。

己亥个罪責〔來〕到如今，〔个〕災劫重重〔來〕無時停，〔个〕末劫〔个〕臨身〔个〕無人驚，〔个〕謀財害命還有幾多人？〔來〕天災地劫〔來〕捨毋得，〔个〕人愛的確天理〔來〕對人心。

〔个〕乙亥〔个〕地動〔來〕恁悽慘，〔个〕己亥个水災又〔个〕來臨。〔个〕七月初四〔來〕盲安定，〔个〕十二屏東〔來〕大地震，〔个〕地動〔來〕好得〔來〕逢日前，若係逢著夜後也係還艱辛。當動有腳〔來〕行無路，毋知愛〔來〕礴死〔來〕幾多人？〔來〕潮州〔來〕恆春〔來〕最悽慘，〔个〕幾多〔个〕無屋〔來〕好安身。〔个〕春安大風實在〔來〕驚死人，〔个〕好得〔个〕神佛〔來〕相庇佑，〔个〕飛過了東南〔正來〕恁太平。〔个〕八月初一〔个〕又一次，〔个〕又西上，又〔來〕上陸〔來〕惡情形。

〔个〕為人〔來〕莫作〔个〕虧心事，天地定無〔來〕缺虧人。奉勸男女〔个〕並老幼，〔个〕買田做□的確愛認真，〔來〕山下做□來買言□，〔个〕河川耕種實在難收成，各人〔个〕生活〔來〕講毋得，〔个〕地動〔來〕大水〔來〕無人情，算來北部个有誠心，數重災劫〔來〕恁太（na）平！地動〔个〕大水〔个〕無逢著，也係好得〔該〕天地神，大家看透〔个〕男女愛來知禮義，教子教孫〔來〕做成人。〔个〕敬奉爺娘〔來〕敬天地，〔个〕毋怕〔來〕災劫〔來〕臨（a）身，〔个〕去到〔个〕街坊〔來〕毋怕水，〔个〕又驚〔來〕也係〔來〕大地震。〔个〕莫想〔來〕水災〔來〕恁厲害，〔个〕地動轉□〔正會〕恁艱辛，〔个〕一陣〔來〕大水〔來〕做□□，〔个〕田園〔个〕屋舍（a）〔个〕全片新，〔个〕好得〔个〕祖國（a）有能幹，〔个〕保護偃个百萬眾災民。〔个〕大橋〔个〕道路都修理過，〔个〕工作好得偃个國軍人，〔个〕各處〔个〕大橋〔个〕全做好，〔个〕火車〔來〕交通又乜毋會停。〔个〕諸君愛來行善事，〔个〕切莫重複就〔來〕批評，行孝〔个〕雙親〔个〕有好日，〔个〕忠良〔來〕報國代代親！〔个〕人生〔來〕在世（ia）無幾久，〔來〕不貪〔來〕不取〔來〕做成人。大家〔來〕看破這擺中南水災〔來〕恁悽慘，〔个〕黃金堆棟一旦也〔來〕閒情，〔个〕人生毋係食齋會來得道，〔个〕人生〔就〕愛〔來〕聖賢〔个〕做好〔來〕就跍身[1]（na）！

【唱本終】

1　跍身：音 giuˇ siinˇ，退隱、退休。

14.
邱阿專〈臺灣光復歌〉

導 讀

　　此乃約1964年，由遠東唱片出品，編號Jo-57A和Jo-57B，邱阿專（1912～1988）演唱的作品。

　　邱阿專是個多產的採茶兼說唱藝人，拜師蘇萬松。他的有聲說唱作品有：〈大舜耕田／丁蘭刻木／孟日紅娘親〉（遠東Jo-53第一面）、〈郭巨埋兒／姜安送米／吳猛飼蚊〉（遠東Jo-53第二面）、〈十殿閻王〉（遠東Jo-54）、〈台灣光復歌〉（遠東Jo57-58）、〈十月懷胎／勸話姊嫂〉（遠東Jo-47第一面）、〈勸話兄弟／人心百百種〉（遠東Jo-47第二面）、月球唱片MEV-8084第十四集A面包括〈勸君要出嫁〉、〈勸君莫花色1〉、〈姒娌莫吵架〉，月球唱片MEV-8084第十四集B面包括〈勸君莫娶細姨〉、〈勸君莫花色2〉、〈勸勿偷竊〉。另外採茶或民謠方面有：

　　〈娛樂青年〉（月球唱片）；〈愛國獎券歌〉、〈男帶桃花〉、〈女假有情〉〈餔娘姐〉、〈孝子感動天〉、《周成過台灣》、《石平貴招親》、《石平貴別窯》、《石平貴回窯》、《梁山伯祝英台》、《孟日紅》、《石平貴取軍糧》、《梅月姑》、《大戀招親》、《孟姜女》、《八角水晶牌》、《秦世美棄妻》、《偷龍轉鳳》、《丁蘭刻木奉娘親》、《方桂香磨麥》等。

　　此唱本述說馬關條約後，臺灣割讓給日本五十年，臺灣同胞在日本政府統治之下過著艱苦的日子。民國三十四年，臺灣重回祖國的懷抱，全島人民莫不歡欣鼓舞，作者藉著「唱」的方式勉勵同胞在慶祝臺灣光復的同時，更要記得先民創業的維艱，為人子孫要懂得飲水思源。

內 文

唱【平板】

日本〔偓就〕來（ia）臺（na）五十年（lio），

臺灣〔就來〕百（lio）姓（a）真可（lio）憐（na）（a）；

離開〔就來〕祖（lio）國（a）〔都有來〕五十冬（lio），

今日〔就來〕恢（o）復（a）漢朝（o）天（na）（a）。

日本〔就來〕事（lio）件（na）〔都有來〕七八年（lio），

男婦〔偓就〕老（lio）幼（ia）真可（o）憐（na）（a）；

講著〔就來〕奉（lio）〔來〕工（a）即時〔來〕愛（lio），

無錢〔就來〕無米（ia）也（io）愛行（na）（a）。

想起〔就來〕日（lio）本（a）心不〔就〕良（o），

揀出〔就來〕青（o）年（a）渡南（lio）疆[1]（na）（a）；

到在〔就來〕南（lio）疆（a）無轉〔就〕屋（lio），

丟了〔就來〕家（lio）中（a）老爺（lio）娘（na）（a）。

想起〔就來〕戰（lio）爭（a）真可憐（lio），

百姓〔偓就〕青（lio）年（a）去做（o）兵（na）（a）；

去在〔就來〕海（lio）外（ia）無轉〔就〕屋（o），

丟了〔偓就〕家（o）中（a）老雙（lio）親（na）（a）。

想起〔就來〕戰爭（lio）真可〔就〕憐（lio），

單丁〔就來〕一（lio）子（a）也愛〔來〕行（na）（a）；

單丁〔就來〕一（lio）子（a）佢就〔來〕走（o），

娘死〔偓就〕無人（a）顧香（lio）煙[2]（na）（a）。

臺灣〔偓就〕同〔來〕胞（a）〔就來斯〕偓大家（lio），

見著〔就來〕祖（lio）國（a）大中（lio）華（na）（a）；

歡喜〔就來〕戰（lio）爭（a）〔斯〕來該息（lio），

---

1 南疆：音 namˇ giongˊ，指菲律賓、馬來西亞、印尼等南洋地區。

2 香煙：音 hiongˊ ienˊ，喻後嗣。

今日〔偃就〕見（lio）著（a）偃國（lio）家（na）（a）。

戰爭〔就〕來八（lio）月（a）十五（lio），
日本〔偃就〕即（lio）時（a）就降旗（na）（a）；
同胞〔就來〕無（lio）數（a）真恭喜（lio），
中華〔就來〕得（lio）勝（a）國太平（na）（a）。

著愛〔就來〕感（lio）謝（a）蔣政權（lio），
今日〔就來〕趕（lio）離（a）來臺（o）灣（na）（a）；
今日〔就來〕中（o）華（na）來保〔就〕管（lio），
中華〔就來〕民（lio）〔來〕國（a）萬萬（lio）年（na）（a）。

今日〔就來〕算（lio）來（ia）係平時（lio），
見著〔就來〕青（lio）天（a）白日（lio）旗（na）（a）；
大家〔就來〕同（o）胞（na）同心力（lio），
各戶〔就來〕門（lio）口插義（lio）旗（na）（a）。

百姓〔就來〕大（io）家（na）愛仁〔偃就〕民（lio），
正係〔就來〕中（o）華（na）个國（lio）民（na）；
十月〔就來个〕十（lio）日（a）雙十〔來〕節（lio），
大家〔偃就〕盈（lio）盈（a）愛知〔來〕新（na）（a）。

大家〔就來〕莫（io）想（a）來知（lio）天（lio），
百姓〔就來〕發（io）夢（a）也痴（lio）驚[3]（na）（a）；
鷂婆[4]〔就來〕話（io）著[5]（a）〔就來〕飛行機（lio），
響雷〔就來〕話（io）著（a）〔就來〕擲炮彈（na）（a）。

以前〔就來〕同胞在該苦〔來〕海（lio），

---

3 痴驚：音 cii↗ giang↗，受到驚嚇而心中感到害怕，甚至起雞皮疙瘩。

4 鷂婆：音 ieu po˘，老鷹。

5 話著：音 va do↘，以為。

祖國能力〔就來〕救起（lio）（na）（a）；

今日〔就來〕同胞來救起（lio），

救起〔就來〕臺灣做一堆（na）（a）。

戰爭〔就來〕可（lio）憐（a）〔就來〕偃大家（lio），

今日〔就來〕見（lio）著（a）〔就來〕偃國（lio）家（na）（a）；

以前青（lio）菜（a）愛供〔來〕出（lio），

每月〔就來〕愛來供肥馬（na）（a）。

以前〔就來〕戰（lio）爭真奔波（lio），

軍馬〔催就〕來臺來真多（na）（a）；

來到〔就來〕臺（o）灣百姓〔來〕畜（lio），

各戶〔催就〕愛（lio）來供馬草（na）（a）。

前時〔催就〕每（o）日（a）歸降〔催就〕來（lio），

百姓〔就來〕大（lio）家（a）愛疏（io）開（na）（a）；

去在〔就〕田（lio）陽（a）租無〔就〕屋（lio），

牛寮〔催就〕也好戴下（io）來（na）（a）。

以前〔就來〕戰（lio）爭（a）真可〔就〕憐（lio），

貧窮〔就來〕富（lio）貴（ia）一般（lio）般（na）（a）；

出門〔就來〕有（io）錢（na）買無〔來〕食（lio），

毋怕〔就來〕身（lio）上（a）會有（lio）錢（na）（a）。

日本〔就來〕今（lio）日（a）正知〔來〕死（lio），

全部〔催就來〕喊（o）日（a）來轉（lio）去（na）（a）；

物資〔就來〕全（o）然（a）無好〔就〕轉（lio），

在此〔催就〕臺（o）北（a）賣東（lio）西（na）（a）。

日本〔就來〕如（o）今（a）無政〔來〕權（lio），

中華〔就來〕保（lio）管（a）來臺（o）灣（na）（a）；

〔講著就來〕中（o）華（na）實在〔來〕真勇敢（lio），

人講〔就來〕先（lio）苦（a）而後（lio）甘（na）（a）。

以前〔就來〕百（a）姓（a）真可〔就〕憐（lio），

出門〔就來〕坐〔來〕車（a）愛真人（na）（a）；

出門〔偃就〕而（lio）去（ia）打無單[6]（lio），

偷偷〔偃就〕睡目（a）車頭（lio）人（na）（a）。

小生〔就來〕身（lio）上（a）係姓〔來〕邱（lio），

造本〔偃就〕〈光（lio）復（a）〉記根（lio）由（na）（a）；

造本〔就來〕〈光（o）復（a）〉大家（lio）聽（lio），

風流〔偃就〕才（o）子（a）各莊（o）遊（na）（a）

【唱本終】

圖10：邱阿專（躺下者）在做「撮把
　　　戲」時表演氣功。
　　　（邱阿專子邱海清提供）

圖11：邱阿專（右）和武功師傅新竹師
　　　（左）切磋拳術。（邱海清提供）

6　打無單：音 daˋ moˇ danˊ，買不到票。

15.
林春榮〈醒世修行歌〉上集

導 讀

　　此乃 1966 年 10 月，由美樂唱片出品，編號 HL309A，林春榮（1930－約 2008）演唱之作品。

　　林春榮偏名林貴水，苗栗縣三義人。曾拜江湖藝人陳火添為師，學習唱山歌、拉胡琴的技巧。據他本人表示，此唱詞即是出自陳火添之手。夫妻倆以做「撮把戲」為業。他的嗓音高亢明亮，一生參加山歌比賽得 無數。[1] 除了〈勸世養子歌〉、〈醒世修行歌〉上、下集外，在近年發行的〈傳統客家歌謠及音樂—採茶腔系列〉[2] 中亦收錄他唱的【平板】、〈勸世文〉和〈說恩情〉。其中的〈勸世文〉即和〈醒世修行歌・上集〉相似，又 1965 年 11 月 1 日文華唱片出品，吳元昌唱的〈臺灣光復前後〉亦多雷同，讀者可互為參考。

　　此唱本內容描寫甲午戰爭清廷戰敗，李鴻章代表清廷與日本簽下了馬關條約，將臺灣割讓給日本。日本登臺，唐景崧狼狽逃走。演唱者以「順敘」的手法，首先說明日軍登臺的經過；接著說明日本統治臺灣時，民不聊生的慘狀；最後敘述臺灣光復後的歡樂情景。不過，臺灣光復後，有一部分人士懷念日據時代，對自己國家有諸多怨言。演唱者期待國人對國家少批評、多支持，這樣才是國家之福。

1　林春榮於 1984 年在建中國小、1985 全國運動會、1985 大湖神廟落成歌唱大賽、1993 苗栗縣中廣民謠歌唱比賽等都得到冠軍。

2　由鄭榮興製作，行政院客委會 2002 年 10 月出版，共有五片 CD，分別介紹平板、山歌子、小調、八音及北管子弟班。

內　文

唱：【平板】

　　乙未（o）光（o）緒〔安到〕唐撫臺（le˘）（e˘），

　　李鴻章〔倕就〕割下〔安到〕日本來（le˘）（e˘）；

　　〔這滿〕〔倕就〕醒世歌曲〔聽轉就〕大家知（io），

　　莫嫌老弟〔就〕無〔个〕口才（ia），

　　唱來也就罔聽（le˘）（e˘）！

唸：【平板雜唸仔】

　　五月十三〔就〕兵上陸，撫臺著驚〔就〕來走開，

　　清兵敗在〔就〕打狗走，顯榮同路〔就〕透滿臺，

　　日本个駐軍〔倕就〕澳底起，各位〔就〕大銃〔就〕鬧臺臺，

　　官兵一步〔倕來〕數十萬，貧窮富貴〔就〕也疏開。

　　明治个日期〔就〕為條件，五十年後拿轉來，

　　平生百戶〔就〕賣江山，害到百姓目哀哀，

　　王法 規條〔倕就〕明治手，丙申安民〔倕就〕守臺，

　　男婦老幼〔倕就〕入戶口，漢民續開〔倕就〕日時代！

　　明治守到〔就〕辛卯年，歸蒙黑期〔就〕透滿臺，

　　滿州个宣統〔就〕守三年，明治〔就〕換過〔就〕大正來，

　　各市街坊〔就〕徵部落，四處海邊〔來〕造燈臺，

　　人人〔倕个〕修理〔倕就〕南北路，高山道路〔就〕透滿臺。

　　高山个民族〔就〕降歸順，木守 軍機〔就〕不敢來，

　　台灣電話〔就〕能通透，千里路遠〔就〕能講話，

　　乙丑年間〔來〕大正死，新聞通知〔就〕鬧臺臺，

　　隨時換印〔就〕交昭和，無道香君〔就〕做出來。

　　〔為人倕个〕東條佢來做首相，各國地方〔就〕也想愛，

　　丁丑年前〔就〕謀事變，心大如山〔就〕膽如海，

　　日獨英國〔就〕全會議，謀戰聯盟〔就〕大家愛，

　　三國就想爭天下，各國〔个〕精神〔倕就〕用出來。

　　想愛外國來守管，盲知〔正〕本土〔續〕守毋在！

官兵配糧倕〔來〕配米〔食〕，〔記得〕家家屋屋也食糜，

艱苦〔个〕日期〔倕就〕愛記得，貧窮富貴〔就〕受過來，

有錢買賣〔就〕講做賊，想著敗國也應該。

各莊神佛也受難，廟堂全部愛徙開，

廢神〔倕个〕日期〔倕就〕到廟堂，金身燒到〔就〕變火灰，

莫道神佛〔就〕無報應，國家廢神第一衰，

神農傳下〔就〕嚐百草，五穀件件〔就〕流傳來。

奉勸諸君〔來〕記在心，人倫國法〔就〕愛分開，

五十年間〔來〕紀念日，日本正是〔就〕後來哀！

諸君兄弟〔來〕愛記得，百般〔个〕辛苦受過來，

人人食著〔个〕祖國米，食飽聽人〔就〕講狗話。

祖國〔个〕壞話〔就〕亂亂講，正是反種〔个〕〔六百零斤〕大豬胚！

可比〔个〕子女講爺娘，宣傳到久自己衰。

無論做官〔个〕時常人，言語點點記起來，

愛想戰爭〔就〕恁容易，〔記得〕奉工日夜做毋開。

好得〔就〕美國來助手，山河祖國〔就〕拿轉來，

美國全用〔个〕空中戰，飛機見著〔就〕數百臺。

砲彈落下〔就〕雷公響，鐵桶〔个〕江山〔就〕變火灰，

東條心肝〔就〕想無計，旺旺〔个〕國家〔就〕謀到衰。

昭和看破〔就〕出小機，戰法軍機〔就〕用不來，

害死幾多〔个〕英雄漢，自想〔个〕老命〔續〕保毋在。

隨時總理〔就〕換鈴木，美國毒手〔就〕拿出來，

廣島〔个〕原子〔就〕放三粒，一片地方〔就〕變火灰。

子民百姓死無數，又驚復身〔就〕再過來，

昭和看著〔就〕隨低志，親身講出〔就〕放送臺。

民安太平〔就〕乙酉年，電話通知〔就〕鬧臺臺，

八月十五〔就〕和解決，俚祖國〔就〕來領臺。

臺灣還偲〔个〕老祖國，這般〔个〕恩義〔愛〕記起來，

愛想戰爭〔就〕恁容易，從祖國〔就〕無幾衰。

世間〔个〕寶物〔就〕千百萬，無人〔會〕陰府〔來〕帶錢來，

〔該〕陽間〔个〕黃金〔就〕死不見（na），朋友呀！人死得一付木棺材（leˇ）（eˇ）！

唱：【平板】

恁多（o）先〔來〕生〔大家〕也罔聽（leˇ）（eˇ），

〔莫嫌就老弟偓〕唱出山歌（a）〔大家〕罔來聽（leˇ）（eˇ）；

〔老弟喲〕唱出（o）山歌〔大家偓就〕偎兼來（leˇ）（eˇ），

莫嫌老弟〔个無个喲聲音啊〕無〔个好〕口才（leˇ）（eˇ）！

這款〔偓就來〕山（o）歌〔老嫩大細〕受過來（leˇ）（eˇ），

各人〔偓就來〕聽（o）轉（a）大家〔你也〕知（leˇ）（eˇ）；

〔唱出〕醒世〔來〕歌曲（a）大家〔認真〕聽（leˇ）（eˇ），

一點〔偓就來〕無（lio）錯（啊）〔大約〕大家知（leˇ）（eˇ）。

〔偓就跈等喲〕愛（io）唱日本〔偓就〕非常時（leˇ）（eˇ），

〔各人大約就〕奉工（o）〔做來〕受苦〔就〕你也知（leˇ）（eˇ）；

〔偓就〕請聽（o）後（o）面〔講係〕有一變（lio），

〔本本愛唱就〕醒世（o）歌曲（a）〔大家〕也罔聽（leˇ）（eˇ）！

【唱本終】

16.
林春榮〈醒世修行歌〉下集

導　讀

此乃 1966 年 10 月，由美樂唱片出品，編號 HL309-B，由林春榮演唱之作品

　　內容敘述民國二十六年，日本發動「蘆溝橋事變」，進一步又掀起了「太平洋戰爭」，在臺灣徵調民兵赴南洋或者在臺灣島上「奉工」。「奉工」的地點不定，生活辛苦，妻離子散，有家歸不得，這篇說唱可說將當年的戰爭慘狀，作了詳實的記錄。

內　文

唱：【平板】

　　日本（o）事（o）變〔安到〕非常時 le ˇeˇ，

　　各件〔佢就〕設（a）法〔實在〕毋通理 le ˇeˇ；

　　〔無論喔〕老（o）〔个〕嫩聽轉你也知 le ˇeˇ，

　　〔唱出這款〕醒世（o）歌曲大家〔認真〕聽！

唸：【平板雜唸仔】

　　生理事業做毋得，這個火車〔就〕交通〔佢就〕無便利，都市街坊〔佢就〕開大窟，田園〔佢愛〕廢來做戰地。官廳講愛〔就〕取人質，〔記得〕家家屋屋愛注意，軍部出令〔佢就〕點青年，先到〔个〕役場〔佢就〕先通知。

　　紙筆〔就〕拿起〔來〕做號頭，麼个名姓〔就〕也不知，無論單丁〔就〕多兄弟，〔這个〕紙條到來就愛去。有人〔个〕工廠〔佢就〕毋識看，有人〔就〕連做〔就〕三四回，無論臺北就南方，役場做事〔就〕無分大家知。通知你个時間〔佢就〕愛出發，三更半夜〔就〕愛赴佢，愛用个物件佢愛全提出，一愛菜來〔就〕二

愛米，又愛被來〔个〕又愛衫，又愛笠嬤[1]并蓑衣，各人件件〔來〕準備好，也愛鑊頭合糞箕。明天〔个〕時間〔佢就〕到六點，一頭包袱〔就〕一頭被，雙親〔佢个〕妻兒〔就〕到役場，想起佢就真孤栖。警官行前〔來〕問名姓，幾多〔个〕物件〔佢愛〕點你知，自動到來〔佢就〕上自動，愛上愛下〔就〕也毋知。有人開上〔就〕臺灣頭，〔个〕有人〔个〕開下臺灣尾，也有〔个〕高雄〔佢就〕做百日，也有〔个〕台中透埔里。有人〔就〕開到赤度崎，〔个〕有人南寮〔就〕風埤尾，也有〔个〕湖口〔就〕青埔仔，也有〔个〕桃園〔就〕大園地。有人開到〔就〕八塊屋，〔个〕有人開到〔就〕龍潭埤，三角林又〔就〕做一坪，做到坪頂就收尾。山前做透〔佢就〕花蓮港，男婦老幼仰會恁慘悽。奉工誰人〔就〕有做過，想起〔个〕苦經愛立志。三餐也無〔佢就〕好食飽，白水煮出〔就〕黃菜尾，碗公拿去〔來〕分飯食，飽不飽，飢不飢。夜間〔个〕衛生〔佢就〕無淨利，跳蚤蚊子〔來〕並蟑蜱[2]，咬到〔就〕透夜〔就〕睡毋得，驚怕天頂細粒[3]掃射得人畏。食飽天光就出門，耳公聽著飛行機，擔竿放落〔就〕起腳走，走到〔个〕兩腳〔就〕無搭地。走到个防空壕，跍等〔來〕嘴擘擘，面仔青青放屁〔來〕敨大氣。愛想回家〔就〕回毋得，〔就〕想著〔个〕爺娘〔來〕並妻兒。因為戰爭（na），朋友（ia）！大家仰會恁慘悽le ˇeˇ！

唱：【平板】

〔這款〕山歌（o）〔大約〕大家受過來（le ˇeˇ），

〔莫嫌佢就〕唱出（o）醒世〔歌〕（o）莫嫌〔係口〕才；

老嫩（o）〔大〕（io）〔細〕（ia）聽轉〔佢就〕會健康（le ˇeˇ），

〔个〕小姐〔妳就來〕聽（o）轉（a）〔心肝〕偎偎開[4]（le ˇeˇ）。

〔恁多〕（o）先（o）生聽佢唱个〔文明〕歌（le ˇeˇ），

又有〔佢就來〕文（a）明（a）〔安到〕並笑科（le ˇeˇ）；

現在（o）〔文〕（o）〔明〕科學〔佢就〕真發達（lio），

耕田〔佢就〕毋（o）使（a）〔安到〕用牛拉（le ˇeˇ）。

---

1 笠嬤：音lib﹨maˇ，笠帽。

2 蟑蜱：音gonˊbiˊ，動物名。身體扁平，好乾燥，喜藏於板壁、草蓆的縫隙間，吸食人、畜的血，會傳染疾病。亦稱為「蟹蟲」、「臭蟲」、「床蝨」、「壁蝨」等。

3 細粒：音se lib，指子彈。

4 偎偎開：音va﹨va﹨koiˊ，開心的樣子。

〔唱出〕這款山（o）歌毋會〔講爭〕差⁵（le ˇeˇ），

聽轉〔佢就來各人〕認真（eˇ）〔耕田增產〕來報國（le ˇeˇ）；

〔順便〕解（o）勸（a）各位〔先生〕來行善（lio），

〔一定〕（o）行善（o）之人（na）天會〔來〕保護偃（le ˇeˇ）！

賭微〔阿〕（lio）哥因為銀票哥（le ˇeˇ），

紙牌〔佢就來〕擎（lio）起（a）〔安到〕日夜坐（le ˇeˇ）；

贏微（io）〔時〕（o）〔節〕（a）買魚並買肉（lio），

輸微〔佢就來〕〔斯〕（o）〔節〕（a）嚷煙〔就〕講也無（le ˇeˇ）。

剃頭〔店就〕〔阿〕（lio）〔哥〕因為〔佢就〕銀票哥（le ˇeˇ），

誰人〔頭拿〕毛（lio）〔个〕長（a）〔佢就〕愛洗毛（le ˇeˇ）；

有時〔佢就來〕〔有〕（o）〔日〕（a）遇著〔佢就〕骯髒⁶鬼（lio），

洗頭〔佢就來〕時（o）節（a）記得〔佢就〕恁臭臊⁷（le ˇeˇ）！

圖12：林春榮50歲時，表演說唱劇照。

5　爭差：音zang╱ ca╲，相差。

6　骯髒：音o zo╱，形容骯髒不乾淨。

7　臭臊：音cu so╱，形容動物身上發出的臭味。

17.
洪添福〈十歸空〉

導 讀

此乃 2003 年 02 月 28 日，筆者訪問苗栗縣湖光村的洪添福（1920－）錄音作品。

洪添福是新竹縣峨眉鄉人，世代務農，因為天資過人加上興趣，學得了一身說、學、逗、唱的本領，會自拉自唱山歌、小調、亂彈等，亦會自填歌詞。他年輕時曾向潘石梅學過客家三腳採茶戲，同時曾和賴庭漢、梁阿才出門演「撮把戲」。四十一歲至四十八歲之間常上中廣新竹臺「講古」。四十七歲時得到新竹縣竹東鎮山歌比賽第三名。次年，又得到第二名。民國七十三年，他又代表新竹縣參加臺灣省慶祝光復節老人才藝競賽，得到全省冠軍。

表演說唱可以說是洪添福最拿手的絕活，「他講古說書引經據典，出口成章，滔滔不絕，唱曲時不管男聲、女聲、老聲、童聲，時而清越、時而蒼老，甚或柔媚、激昂，都能恰如其分，掌握角色身分」[1]。除了〈十歸空〉和〈學拳不離手學曲不離口〉之外，在《珍愛客家・洪添福音樂典藏》也收錄了許多他的表演如〈老婆棚頭〉、〈學阿淘哥說唱〉、〈口述問卜〉、〈公揹婆─說的部分〉、〈公揹婆─唱的部分〉、〈補缸〉、【福祿曲・十八嬌蓮】。

這齣本來是道士在喪事時一段超渡亡魂的說唱，藉著歷史上十個名人的故事，告誡亡魂和世人，一個人再如何地有權有勢、聲名赫赫，大限來時，皆難逃一死，一切歸空，要學會放下貪、嗔、癡。

---

1 引自鄭榮興：《珍愛客家・洪添福音樂典藏》，頁 5。此書由鄭榮興製作，行政院客家委員會 2003 年 5 月出版，乃是洪添福個人專輯，包括一本書和兩片 CD。欲多了解洪添福亦可參見楊寶蓮：《臺灣客語說唱》附錄〈客家民間藝人洪添福之研究〉。

內 文

說：愛來講這段〈十歸空〉，〈十歸空〉係仰般形用个東西，這〈十歸空〉就係講出來
分世間上 男女聽，有兜仔像勸世文，聽了之後佢兜就會了解。做道士个人「跌
無聖筶²」个時節，佢就會用〈十歸空〉去勸亡魂，勸亡魂之後自然就會有「聖
筶」。這下就來開始講〈十歸空〉，出臺个時節愛有老僧幫忙：三十三天天外天，
九霄雲外有神仙，神仙本是凡人做，也愛修鍊幾千年。人生在世渺渺茫，有時暗來
有時光，有錢難買生男女，有錢難買壽年長！

本僧人唐三藏，想起先聖留下一本安到〈十歸空〉，今日到此壇前，愛來勸亡升天
要緊。貧僧來到此地，待我慢慢唱來：

唱：【二凡】

第一釋迦梵王宮，

修行鍊道雪山中，

丈六金身為第一，

涅槃到處也歸空！

說：釋迦佛修鍊千年，仰般形還愛修過？「神仙打鼓有時錯」，何況係一般个凡人？做
佛共樣，有錯就有業障，又乜愛修過。這下來講第二首歌仔：「第二首歌彭祖公，
八百餘年在世中，四十九妻五四子，後來無子好送終。」

彭祖本來係「周公」个使用人，「周公」當會算命，算到彭祖在二十歲就會死，故
所時間差毋多到个時節就遝遝催佢轉去。彭祖轉到屋，當愁慮，聽講有一個安到
「桃花女」比「周公」還較慶，「桃花女」毋單淨會算命還會教人避禍，所以彭祖
就去求「桃花姐」。

「桃花姐」教彭祖改名安到「彭鏗」並徙屋，果然閻羅王个黑無常、白無常無捉著
佢，所以避過「二十歲」時个劫數。這下，愛來唱第二條歌仔：

唱：【二凡】

第二首歌彭祖公，

八百餘年在世中，

四十九妻五四子，

2　聖筶：音 siin gau，在神明前許願或問事時，把二只杯筶擲出，若呈一正一反，則表示獲神同意或將
　　被賜吉祥的象徵。

後來無子好送終。

說：「第二首歌彭祖公，八百餘年在世中，四十九妻五四子，後來無子好送終。」

「桃花姐」又教彭鏗去石洞避難，並講八月十五會有八仙下來「砥棋子[3]」，愛彭鏗準備水果請八仙，自家囥在桌下，等到八仙嘴燥食水果，當當當歡喜个時節，向佢兜求壽年，果然八仙每個都賜分佢一百歲。彭鏗又去到「不死州」个位所，佢想：「妥當了，倕毋會死了哪！」，盲知有一儕人當當在个做石棺材，彭祖問工人：「你做石棺材愛做麼个？」工人回答：「張彭祖个！」

彭祖堵堵八百二十歲消忒，佢一生人有四十九個餔娘，降有五十四個倈子，因為佢兜全部無彭祖恁長命，故所彭祖死个時節無半個人摎佢送終，所以講「第二首歌彭祖公，八百餘年在世中，四十九妻五四子，後來無子好送終。」

說：「第三孔子魯國公，教訓門徒各西東，天下文章為第一，四獸[4]虎麟[5]也歸空。」中國係由倉頡造字，蔡倫造紙，蒙恬發明筆，佢兜都係聖人，為著愛傳承文化，更有孔子聖人个出世，孔子係魯國人，佢有三千零個學生仔，最出名个有七十二儕。

唱：【二凡】

第三孔子魯國公，

教訓門徒各西東，

天下文章為第一，

四獸虎麟也歸空。

說：「第四李廣飛射弓，能射金烏[6]在海中，十隻金烏能射九，放了弓箭也歸空。」

李廣箭法當準，救過龍國太，功勞當大。閻羅王有一本《元壽簿》，時間一到，就會喊黑無常、白無常去捉人，毋驚李廣恁慶，打匈奴失敗个時節，佢照樣愛死。

第五孝子董永公，董永係二十四孝个孝子，賣身葬父，非常有孝。凡間个監察尊神非常受佢感動，轉奏城隍爺，城隍爺又轉奏到靈霄寶殿昊天大帝駕前，玉皇大帝賜一個仙女分董永做餔娘。仙女摎佢有一百日个公婆緣分，目的係愛讓董永賺多少仔

3　砥棋子：音 zag˴ kiˇzii˴，下棋。

4　四獸：音 xi su，古人以龍、虎、鳳、龜四獸為動物之首，陰陽家則附會成天上蒼龍、白虎、朱鳥、玄武四星宿。

5　虎麟：音 fu˴ linˇ，在科學不發達的年代，先人敬畏大自然，以日月山川、龍鳳虎麟為圖騰，皇帝是「真龍天子」，軍隊是「虎將貔貅」，民間甚至把古樹、刺蝟、蛇和黃鼠狼也視為神。

6　金烏：音 gim✓ vu✓，三足烏亦稱為金烏、赤烏，主要是侍奉西王母，是漢族神話中太陽之靈。神話中說，太陽裡有金黃色的三足烏鴉，古代人們就把金烏作為太陽的別名。

錢好過日仔，一百日之後，仙女為董永尋好另外一個凡間女子分董永為妻，正轉去天庭。所以講：「第五孝子董永公，天賜仙女結成雙，結起綾羅完墳墓，騰雲駕霧也歸空。」

唱：【超亡調】

第四李廣飛射弓，

能射金烏在海中，

十隻金烏能射九，

放了弓箭也歸空。

第五孝子董永公，

天賜仙女結成雙，

結起綾羅完墳墓，

騰雲駕霧也歸空。

說：「第六富豪係石崇，堆金積玉好門風，閻王不受他財寶，無常一到也歸空。」

盤古開天到這下，石崇最發，家中堆金積玉，珍珠、瑪瑙、黃金、白銀樣樣都有，但是壽年該終時，毋死做得無？耕田降子各儕人个命，石崇臨終時，閻羅王毋敢收佢个紅包，照樣也愛亡。

「第七征番楊令公，七子八婿逞英雄，百萬雄兵他不怕，李陵碑前也歸空。」

楊令公有七子，北番來犯，楊令公掛帥，紮營个位所附近有一間个觀音廟，道童指點佢：「楊令公，你毋使愁，你這擺七子去有六子回。」所以楊令公當放心。盲知所謂个「六子」係指「楊六郎」，這擺个戰爭死个死，亡个亡，只伸著「楊六郎」無死，連楊令公自家也因為無面子，在李陵个風水前，撞碑石來死。所以講「第七征番楊令公，七子八婿逞英雄，百萬雄兵他不怕，李陵碑前也歸空。」

唱：【誦經調】

第六富豪係石崇，

堆金積玉好門風，南無阿彌陀佛，

閻王不受他財寶，

無常一到也歸空，南無阿彌陀佛。

第七征番楊令公，

七子八婿逞英雄，南無阿彌陀佛，

百萬雄兵他不怕，李陵碑前也歸空，南無阿彌陀佛。

說：「第八征番薛仁貴，跨海保主去征東，烏泥河內救唐王，白虎關前也歸空。」唐朝
天子發一個夢：「日出東方一點紅，飄飄四海影無蹤，三歲孩兒千兩價，跨海保主
去征東。」徐茂公解夢講：「這個應夢賢臣可能姓薛，名安到貴。」故所，薛仁貴
去投軍个時節，有一個安到「張士貴」个人，佢知薛仁貴就係唐王个應夢賢臣，
挑事[7]將薛仁貴园起來做「伙頭軍」定定，專門冒[8]薛仁貴个功勞。

有一日，唐王去打獵，分敵人蓋蘇文圍困在烏泥河，好等分薛仁貴救著。薛仁貴保
主東征創下汗馬功勞，班師回朝，轉到故鄉汾河灣个位所，看著一個箭法當準个細
阿哥仔在該射雁，忽然間，行出一條白虎，薛仁貴為著愛救佢，所以將白虎射死，
原來白虎係薛仁貴个倈仔——薛丁山个元神。好該哉[9]，薛丁山分師父救上山學
藝，後來，薛仁貴奉命攻打白虎關个時節，堵著困難，薛丁山奉了師命下山救父。
薛丁山來到白虎關个一座廟中，見一白虎，所以將白虎射死，竟然親手射死了自家
个父親。

說：「第九唐朝尉遲恭，單鞭救主好英雄，赤膽忠心為好漢，後來鞭斷也歸空。」
尉遲恭一生人赤膽忠心，後來因為李道宗無道，尉遲恭看毋過去，所以就拿等金鞭
愛去教訓佢，吂知無打準，堵好打著房間个門，鞭續斷忒了。老古人言「鞭在人
在，鞭斷人亡。」尉遲恭因為自家使用个雌雄鞭斷忒了，所以撞壁來死。

說：「第十韓信十大功，登台拜相好威風，見天見地不能斬，未央宮內正歸空。」
韓信計謀好，功勞高，分漢高祖封為「淮陰侯」，皇帝特別頒下「見天不能斬，見
地不能斬」个聖旨，全國所有个刀槍都鑄等「不能斬韓信」个字樣。因為韓信太驕
傲，太靠勢，故所，後來分呂后騙到未央宮个樓頂——「頭不戴天，腳不踏地」个
位所，一命嗚呼了！

唱：【平板】

第八征番薛仁貴，

跨海保主去征東，

烏泥河內救唐王，

白虎關前也歸空。

第九唐朝尉遲恭，

---

7 挑事：音 tiau sii，故意。

8 冒：音 mau，掩蓋。冒功，掩蓋功勞。

9 該哉：音 goi ✓ zai，幸虧、還好。

單鞭救主好英雄，

赤膽忠心為好漢，

後來鞭斷也歸空。

第十韓信十大功，

登臺拜相好威風，

見天見地不能斬，

未央宮內正歸空。

【唱本終】

圖13：洪添福於2003年參加桐花祭演出劇照。
　　　（洪添福提供）

18.
楊玉蘭〈十歸空〉

導 讀

　　此乃未註明出版日期，鈴鈴唱片出品，編號KL-308-B，由楊玉蘭（1920～1998）演唱的作品。

　　楊玉蘭本名劉楊大妹，藝名楊玉蘭，新竹縣關西人，夫婿為楊木源，妯娌幾乎全是演戲。1956至1966左右，夫妻等共成立「潮聲戲劇團」，劇團足跡遍及桃、竹、苗的客家莊，亦曾到閩南地區演出。

　　楊玉蘭本來是演採茶的，所以純粹個人演唱的說唱作品較少，只有〈十歸空〉（鈴鈴）、〈講得好〉（遠東JO80）、〈楊玉蘭勸世文〉等。採茶劇作品不少，如《陳三五娘》（美樂HL322-325）、《狸貓換太子》（上集，美樂HL328-330）、《狸貓換太子》（下集，美樂HL331-334）《薛仁貴回家》、《唐僧出世》（遠東JO131-135）、《孟姜女》（遠東JO145-148）、《八角水晶牌》（遠東JO149-153）、《偷龍轉鳳》（遠東JO159-162）、《梅月姑》（遠東JO111-120）、《石平貴取軍糧》（遠東JO106-108）等。

　　此內容是藉著釋迦牟尼佛、孔子、彭祖、董永、石崇、李廣等九位歷史上名人的故事，來說明他們都曾顯赫一時，但是大限來時，誰也幫不了他們。人要能看破「萬物皆空」的道理，並且不要留戀財、氣、酒、色，才能得到真正的快樂。此〈十歸空〉源自於敦煌寫本〈十空讚〉，廣東佛曲也有〈十歸空〉，讀者可互相對照賞析。

內 文

唱：【平板】

　　第一釋（o）迦（a）梵王（o）宮（a）

　　修行探（a）道（a）雪山（o）中（o）

丈六〔來〕金（a）身為高（le）足（e）

涅盤〔來〕到處也歸（io）空（o）

第二孔（a）子魯國公（a）

四書（o）〔來〕五經盡皆（io）空

教訓（o）三（a）千（a）徒（o）弟子（a）

臨終（o）〔來〕無子也歸（io）空（o）

第三壽（a）（o）〔就係〕高彭祖公（a）

八百〔來〕餘（a）年在世（io）中（o）

九妻還有四五子（e）

臨終（o）〔來〕無（a）子也歸（io）空（o）

第四孝（a）子董永〔來〕公（a）

天差仙（o）女結成（lio）雙（o）

織起綾羅還復在（ia）

騰雲（o）駕（o）霧也歸（io）空（o）

第五富（a）豪係（lio）石崇（a）

堆金（a）積（a）玉好門（lio）風（o）

閻王不（a）收他財（lio）寶（o）

死無〔就來〕棺槨（a）也歸（io）空（o）

第六（o）李廣飛射弓（o）

能射金（a）烏在手（io）中（o）

□□手中〔都來〕英雄將

收弓（o）折（a）箭（a）也歸（io）空（o）

第七（o）〔來〕無（a）道〔講係來〕秦始皇

焚書（o）坑儒好驚（lio）惶（o）

萬里城（a）牆〔都也來〕空費力（a）

後□□□也歸（lio）亡（o）

第八韓（a）信十（a）大功（a）

登台〔來〕拜（io）將（a）好威（io）風（o）

三步一（o）計在肚（a）腹（e）

未央（o）〔來〕宮（a）內也歸（io）空（o）

第九〔就來〕三（o）國孔明（lio）〔來〕公（a）

神機（io）妙（a）算在手（lio）中（o）

六出〔就〕岐（o）山〔都也〕空費力（a）

打破（o）燈（a）火也歸（io）空（o）

天也（lio）空（a）來地（o）也空（a）

人生（o）渺（a）渺（a）在其（io）中（o）

妻也（lio）空（a）〔人講〕來子也空（a）

黃泉（lio）路（a）上（a）不相（lio）逢（o）

【唱本終】

圖14：楊玉蘭（右）和楊木源（左）演出
《夜戰馬超》劇照。（楊玉蘭子楊吉
平提供）

圖15：楊玉蘭獲頒山歌比賽冠軍。（彭文銘提供）

19.
賴碧霞〈趙五娘〉

此乃1965年，由美樂唱片出品，編號HL5007-5009，賴碧霞（1932－）演唱的作品。[1]

賴碧霞曾拜胡琴師父官羅成為師，又受業於三腳採茶藝人賴庭漢，在二十歲時她在客家民謠界已佔有一席之地。先後受聘於新竹臺聲、桃園天聲、竹南天聲、屏東燕聲、中廣苗栗等廣播電臺，擔任節目製作及主持人。

民國五十二年起，她專在中廣苗栗臺主持「好家庭」節目，一直到民國六十年底才退休。民國五十一年中廣苗栗臺和苗栗客家民謠研進會合辦山歌比賽，她得到【山歌子】組冠軍。為了推展客家民謠和工作方便，而和羅石金[2]、張福營、黃榮泉、黃永生、蔡振淵、劉蕭雙傳、馮傳興[3]、吳鑽宏等結拜，他們彼此長期合作，到處表演，也錄製不少唱片。民國七十五年更獲得「薪傳」殊榮。[4]

她的有聲資料相當多，大部分是民謠或採茶劇，說唱方面有《勸世金言／勸世孝道》（鈴鈴KL-84）、《孝順雙親／勸世夫妻》（鈴鈴KL-92）、《孟姜女十二月花吟（上）／孟姜女十二月花吟（下）、十想摘茶歌》（鈴鈴KL-512）、〈拾想思郎歌／斷情歌、枉心機〉（鈴鈴KL-660）、〈怨斷情〉（鈴鈴KL-1524）等。其中以〈趙五娘〉最具特色。2006年，國家文化藝術基金會亦將其內容，以《臺灣客家說唱·忠孝

---

1 彭文銘先生說，此作品共有十一集，此乃前三集內容，唱片錄製好之後從未公開發行。當時的伴奏人員，瑣吶打擊—苗栗陳慶松；高胡—湖口張福營；低胡—竹東黃榮泉；三絃—苗栗王順能；笛子—新埔徐木珍。

2 據賴碧霞說，羅石金本為新竹市客雅溪畔人氏，約1927年生，後來搬到中壢，開傢俱工廠，他的後代學中醫。

3 當年鈴鈴唱片行的老闆。2004/7/28電話訪問賴碧霞本人。哈客網http：//www.hakkaword.com也有有關她的生平介紹。

4 2004/7/28電話訪問賴碧霞本人。哈客網http：//www.hakkaword.com也有有關她的生平介紹。

節義‧趙五娘》為題名，重新出版。

　　唱本內容敘述蔡伯喈之父八十一大壽，伯喈命妻趙五娘準備壽筵，一家和樂融融。蔡父欣喜之餘深感伯喈乃一布衣為美中不足，於是命伯喈上京赴考。但是，伯喈以雙親年老，上無兄長下無弟妹可代勞而百般推辭。無奈，父命難違，伯喈只好離別年老爹娘和新婚妻子，進京趕考。表演者一人包辦所有角色，唱腔多元且純熟，是一齣相當完整的客語說唱。

內文

伯喈唱：【七字調】

　　啊！伯喈〔伊〕坐在〔呀〕廳〔啊〕堂上，心內暗暗〔啊〕正思量〔啊〕，

　　我爺〔就〕今年〔啊講〕八十一〔呀〕，翰章秀才〔呀〕正好爺娘〔啊〕！

　　〔个〕喊出我妻〔呀〕趙〔啊〕五娘，夫妻倆人〔啦正〕來商量〔啊〕，

　　我爺〔就〕今年〔啊講〕壽誕日〔嘍〕，祝佢身〔啦〕體〔呦正〕老健康〔啊〕！

　　祝佢〔正〕老〔啊〕健康〔啊〕！

伯喈說：在下，蔡伯喈，我爺蔡從簡，單生我自己，上無兄姊下無弟妹。今日就是我爺八十一歲壽誕之日，我妻五娘也有準備酒席，愛摎父親祝壽，但不知辦了如何？賢妻何在？

五娘說：啊！相公有何貴事？

伯喈說：娘子！酒菜辦了如何了？

五娘說：啊！相公！一切早早就準備好勢，請公公、婆婆以及張太公入席！

伯喈說：喔！一對雙親有請！

蔡父說：喔！哈哈哈哈！伯喈呀！這今你做麼个恁工夫呢？辦到恁豐沛[5]加開所費呢？

伯喈說：欸！父親啊！這係禮數當然！伯喈在這位祝您壽比南山千古代！福如東海萬萬年！

蔡父說：喔！哈哈哈！

五娘說：公公！婆婆！五娘祝您身體健康，萬壽無疆！

5　豐沛：音 pong pai，豐富。

蔡父說：唔！哈哈！哈哈哈哈哈！真是郎才女貌，一對才子佳人哪！哈哈！哈哈哈哈哈！

蔡父唱：【平板】

　　　　老漢〔就〕看〔啊〕著〔啊〕笑咪〔呦〕咪〔呦〕！

　　　　一對〔你就來〕美〔呦〕滿〔啊〕个夫〔呦〕妻〔呦〕！

　　　　（哈哈！哈哈哈哈哈！）

　　　　子孝〔喔〕媳〔啦〕賢〔啊偃就來〕勝萬富〔喔〕，

　　　　百萬〔就〕家〔呦〕財〔呀偃就〕無貪佢〔呦〕！

五娘說：婆婆！這垞較有肉，請您用！

蔡母說：欸！偃个有孝心曰！

蔡父唱：【平板】

　　　　吩咐〔喔〕我〔啊〕子〔啊你就〕一句言〔嘍〕，

　　　　（伯喈問：爸爸，您愛講麼个？）

　　　　忠孝兩〔啊〕字〔啊〕愛來〔就〕結相連〔啊〕，

　　　　求取〔你就來〕功〔啊〕名〔偃俚愛來〕換門楣〔呦〕，

　　　　上京〔就〕赴〔啊〕考〔啊〕正當〔呦〕然〔哪〕！

蔡父說：啊！子兒呀！這你今日為偃祝壽，這係你公婆个孝心啦！人生在世需要忠孝兩
　　　　全，正係一個大丈夫！今年科期將到，你也應該愛上京赴考，能得一官半職，
　　　　好來濟世安民，若這樣，就了結偃一生人个希望了！

伯喈說：欸！父親，孩兒愛來摻您講，偃係愛來上京者，敢毋係難捨雙親您在家庭呢？
　　　　上無兄長偃下無弟，早暗麼人愛來照顧您呢？

伯喈唱：【三步珠淚】

　　　　京城路頭幾千里，

　　　　一旦出門各東西；

　　　　父母年紀有恁大，

　　　　又思兩頭難得知。

　　　　一對爺娘在高堂，

　　　　仰般捨得來離鄉？

　　　　在家奉待老雙親，

　　　　勝過朝內做大官！

伯喈說：父親！敢毋係恁樣呢？

蔡父說：哼！真是無出息、無志氣个男子漢！無採佢个希望！甘願做白身毋甘願做官，哼！豈有此理！

蔡母說：欵！欵！唉！你這個老猴牯啊哈！今你也毋好恁壞个性體哈！該偃俚也無欠食，也無欠著，骨肉團聚何等个快樂！哈！何必喊偃个倈仔就愛拋鄉離井，去求麼个官職，哈！哼！你這係真正老糊塗！

蔡父說：哼！這是妳這個老不顯，縱子橫行，害佢全全無想愛來求取功名！

張太公說：唉呀！今⋯今⋯今⋯秀才啊！若爸講恁樣个話斯有道理啦！佢喊你去上京赴考，佢也係希望你榮華富貴，人講「順者為孝」啦！這你就順這個機會上京去赴考啦！

伯喈說：啊！張太公！偃伯喈並毋係毋肯上京赴考，只因為父母年老，無人奉待，所以正走毋開腳啦！

張太公說：唔！恁樣蓋有道理啦！總講就係難捨你一對个雙親就著啦好？

蔡父說：逆子！閒話毋使講！科期既然到了，趕緊準備行李，明天就愛摎佢起身！

伯喈說：父親！無去就做毋得係無？

蔡父說：無去就做毋得！不但做毋得，逆佢个命令就係不孝！

伯喈說：父親！無聽你講就不孝？啊！

伯喈唱：【惠陽山歌】

　　　父親喊佢去上京，

　　　父母年老靠何人？

　　　家內無個男子漢，

　　　麼人照顧吾家庭？

　　　喊佢上京無要緊，

　　　丟忒一對老雙親；

　　　家中無人好奉待，

　　　也無三朋並六親。

蔡母說：唉呀！著啦！你這老猴牯！好，恁無採分你食到恁老了哈！淺淺个理由你都想無？偃俚也無七子八婿，只有一個倈仔定定，你就愛摎佢逐走？何況佢正結婚

兩個月呢！你就愛摎佢強強逼走？愛去爭名奪利？哈，嶄然[6]無良心哦！

蔡父說：哼！妳這老猴嫲！妳在个講麼个戀話？哈，聽妳講考狀元个人，家家就有七子八婿？該這擺上京个弟子，也個個就係無爺無哀嘍，係無？

蔡母說：哼！老還毋認份，哈，眼茫鼻花了，耳公又聾，行路都愛人牽了，萬一偓个倈仔若係逐走好，無人看顧你！麼人賺錢分你饟痢肚[7]！敢毋係會生生餓死去？

蔡父說：哼！偓聽妳在該狗打屁！偓个倈仔若係做官轉，改換門楣，逍遙快樂哈！哦！哼！偓想著了，莫非貪戀房中恩愛个夫妻，正會捨毋得分離呀！

伯喈說：欸！父親！絕對毋係恁樣个事情！

蔡父說：唔！若無恁樣个事情最好啦！人講捨不得嬌妻做不得好漢，偓問你麼个安到「孝」呢？

蔡母說：欸！欸！欸！你這個老夭壽了！哈，該饟到八十零歲毋知麼个安到「孝」哈！「披麻戴孝就安到孝」啦！

蔡父說：哼！妳婦人家知麼个！

伯喈說：父親！若照伯喈所想个「孝」，就係奉待父母，俗語所講「父母在，不遠遊」，子兒毋敢上京就係這款个原因。

蔡母說：若係死好！偓正喊佢摎你做七十二大孝哪！

蔡父說：這老不顯！恬恬！偓講你聽！讀書人愛知「孝就是始於事親；中於事君；終於立身。」必須愛立身行道，揚名後世，庇蔭父母，這正係大孝，你知嗎？

伯喈說：父親！說者有理，萬一偓若係無高中者，一來不能事親；二來不能事君。敢毋係變成兩面耽誤了事呢？

張太公說：欸！這秀才呀！哈哈！你安心啦！若照你个才學，毋係偓張廣財在該誇獎啦！一定會高中正著啦！

蔡父說：著啦！閒話少說！準備行李明天就愛起身！

伯喈說：啊！父親！孩兒從命了！

五娘唱：【平板】

五娘〔偓就〕想〔啊〕著淚淋〔嘛〕淋〔嘛〕，

公公〔呦〕命〔啊〕夫〔哇〕去上京〔呦〕；

夫妻〔呦就〕結〔啊〕髮〔正有〕兩個月〔呦〕，

---

6 嶄然：音 zam ˋ ien ˇ，相當的。

7 饟痢肚：音 sai ˊ li du ˋ，痢肚本指拉肚子。饟痢肚，「吃飯」的貶稱。

喊𠎀五〔呦啊〕娘仰安〔喔〕心〔呦〕?

伯喈說:咳!賢妻不必掛心!妳夫還係讀書人。父母命令無服從敢毋係變成天下不孝人?

五娘唱:【平板】

服從〔你就來〕父〔啊〕命〔夫哇〕係應當〔啊〕,

家內〔呦愛喊〕何人來擔當〔喔〕?

五娘〔喔就〕還係婦人〔喔〕家〔哪〕,

哪有〔喔〕才〔呀〕能奉爺〔呦〕娘〔喔〕?

伯喈說:賢妻五娘妳莫愁!

隔壁太公捧篏謀[8];

功名有無都一樣,

妳夫早日會回頭。

五娘唱:【平板】

丈夫〔喔〕上〔啊〕京〔啊〕路頭〔喔〕長〔啊〕,

丟忒〔呦〕五〔啊〕娘在家〔呦〕堂〔喔〕;

路上〔就〕野〔哪〕花君〔哪〕莫採〔呦〕,

愛想〔偲俚個〕堂上〔啊〕老爺娘〔呦〕。

伯喈說:啊!賢妻不必恁多心,妳夫毋係風流人;

上京為著功名事,一年半載𠎀就會回家庭。

父命在身,上京赴考無去斯做毋得。妻呀!妳若在家事事就愛小心!一對雙親恁老,望得賢妻代𠎀有孝。𠎀若上京有中無中都一樣,𠎀會早日回家堂了。

五娘說:夫君!你愛上京,路上小心!家內个雙親,你就不必掛心!𠎀五娘一定會盡心奉待。

伯喈說:喔!多謝五娘!

伯喈唱:【江湖調】

莫講夫妻呀在繡房,

不覺雞啼〔呀〕天大光〔啊哦〕;

夫妻一夜〔啊〕都無睡,

---

8 篏謀:音ten kieuˇ meuˇ,幫忙想辦法。

兩人相勸〔哪〕到天光〔啊哦〕！

五娘傷心〔哩〕淚淋淋，

難分難捨〔啊〕在調情；

一對鴛鴦〔哩〕各東西，

何日正能〔哪〕共枕眠〔啊哦〕？

夫妻雙雙〔哩〕出間門，

看著隔壁〔啊〕張太公〔啊哦〕；

雙親年老〔喔該〕妻又嫩，

想著心內〔呀〕亂紛紛〔啊哦〕！

伯喈說：啊！張太公！在下今日愛出門，雙親年老，五娘係女流之輩，家內也無親人相照顧，倘若家內有麼个大小事情，就愛望得太公你相照顧。本人若係功名有寸進，正來報答太公若个恩情了！

張太公說：欸！秀才呀！不必愁！人講受人之託，應當忠人之事。侄係男子漢，一言既出，馴馬難追，請你安心去哪好！

伯喈說：啊！多謝太公了！一對雙親，侄也愛來去嘍。請你也不必掛心！保重身體，孩兒告辭了！

蔡父說：喔！伯喈啊！這路上愛小心啦！功名有中無中，你都愛趕緊回家啦好！這若係講有高中者，就愛先寫信轉來。侄行路也真毋方便，無愛送你嘍！喊你个舖娘五娘送你送到莊前啦好！

伯喈說：孩兒從命！父親！母親！侄愛來去！受侄四禮八拜[9]。

伯喈說：【七字調】

拜〔呀〕別雙親〔哪〕並太公，

伯喈心內〔啊正〕亂紛〔哪〕紛〔哪〕！

離開故鄉〔啊侄〕上京去〔呀〕，

毋知何〔喔〕日〔正〕再相逢〔啊〕！

侄踏門檻〔啊〕心〔嘛〕就酸，

看著我〔啊〕妻趙〔啊〕五娘〔啊〕！

夫妻結髮〔正〕兩個月〔嘍〕，

9　四禮八拜：音 xi li ˇ bad ˋ bai，喪禮(三獻喪禮)：使用「四禮八拜」(俯伏)念法；念法為「跪，俯伏，俯伏，起，跪，俯伏，俯伏，起，跪，俯伏，俯伏，起，跪，俯伏，俯伏，起」共四次。

今日分〔哪〕離〔正〕割斷〔哪〕腸〔啊〕！

分〔哪〕離〔正〕割斷〔哪〕腸〔啊〕！

伯喈說：啊！娘子，人講送君千里，終須一別，何必賢妻多費精神！

五娘說：夫君！此言就差了，人講一夜夫妻百世恩，一日同房斯千日愛，送你一程也表
示㑑一點个心情。

伯喈說：喔！多謝五娘！

五娘唱：【大陸送君調】[10]

五娘〔來〕送郎君，

勸君〔來〕早日回家門；

年華似水人易老，

菊花也怕十月霜。

郎呀！郎呀！吾夫郎！

哪有情人毋願早成雙？

送夫郎淚連連，

勸君早日回家園；

高堂雙親年紀老，

無人奉待真可憐！

郎呀！郎呀！㑑个郎！

哪有情人毋願早團圓？

送夫郎苦難當，

拆散一對好鴛鴦！

鴛鴦分離各東西，

離別之味苦難當！

郎呀！郎呀！㑑个郎！

恩愛夫妻離別最難當！

伯喈說：啊！賢妻，㑎夫妻離開係暫時，妳也不必傷心，好好保重身體，堂上雙親愛交
待分妳，希望娘子代㑑來有孝。時間也無早，妳也好轉，㑑愛來去了！

五娘說：蔡郎！夫妻結髮只有兩個月，今晡日分離毋知愛等到哪時，公婆正能得見面？

---

10 曲調是賴碧霞老師說的，筆者未聽過有此名稱。

蔡郎！你也分𠊎加送一程，𠊎五娘正能得安心！

五娘唱：【三步珠淚】

　　　　送郎一里又一里，

　　　　我夫上京何時回？

　　　　夫君安心做你去，

　　　　雙親在家等候你。

　　　　送郎送到大路邊，

　　　　擎頭正知到莊前；

　　　　雙親命𠊎送到這，

　　　　毋敢逆命過再纏。

　　　　【唱本第三集終】

圖16：1986年，賴碧霞獲得第2屆薪傳
　　　獎。（彭文銘先生提供）

圖17：2001年，賴碧霞獲頒「客家文化傑出獎」。（彭文銘先生
　　　提供）

20.
梁阿才/梁張冉妹〈賢女勸夫〉

導 讀

此乃 1965 年 1 月 10 日，由美樂唱片發行，編號 HL262，梁阿才、梁張冉妹演唱的作品。

梁阿才師承何阿文，為光復前後有名之『阿才丑』。與藝人張冉妹是夫妻，兩人遊走於各家唱片公司錄製唱片。光復後之客家名旦角阿玉旦及鄭美妹兩位均為梁阿才弟子。生年不詳，卒年約在西元 1960 年代。他在音樂造詣上可說十八般武藝樣樣精通，不論北管、採茶戲、小調、笑科劇、甚至歌子戲都有。能編善演，也會挨絃（拉胡琴），為一全才表演者。他的有聲作品相當豐富且多元，主要有：

1. 黑利家出版品：《父子會》、《秦瓊奪寶》、《鬧西河》。

2. 紅利家出版品：《劉秀過關》、《戲叔》、《吳漢殺妻》、《玉堂春》、《義方教子》、《河妹慘史》、《包公審瑞草》、《後集包公審瑞草》、《長壽寺》。

3. 奧稽唱片出版品：《夫婦評笑》、《新婚佳句》、《周成過台灣》、《周成不認妻》、《周成毒殺前妻》、《活捉周成》。

4. 日治時期之美樂唱片行出版品：《挷傘尾》、《海棠尾》、《賣茶郎回家》、〈十二月古人歌〉、〈進妹房〉、〈說恩情〉、《掛金牌》、《三本龍虎鬥》。

5. 三榮唱片出版品：《賢女勸夫》、《尋夫》、（相罵）、《渭水河》、《文王拖車》、《王英下山》、《出京別府》、《送京娘》。

6. 光復之美樂唱片行出版品：《送麟兒》、《百壽圖》、《挷傘尾》、《賢女勸夫》、《茶郎歸家》等。[1]

此唱本內容敘述有一賭鬼嗜賭如命。有一天，他的錢輸光光回到家中，妻子端了一碗「稗子」飯給他充飢，賭鬼勃然大怒。他的妻子趁機向他說明賭博的害處，以及賭博

1　根據李坤城「臺灣音樂資料庫」收藏日治時期客家唱片總目錄整理而成。

所犯下的五大罪狀，於是他才恍然大悟，改過自新，從此夫妻倆同心協力，全家和樂融融。類似的內容，鄭美妹之孫鄭榮興於2009年12月，應行政院客家委員會之託，重新錄製成採茶小戲《賢女勸夫》DVD，由黃鳳珍、江彥瑮搬演。讀者可將此兩作品對照欣賞。

內 文

夫說：【數板】

　　喂，武不精來文不通，半生在个賭博徼場[2]中，有錢賭到無錢倕正轉，錢銀輸忒一身爽快就鬆容來就鬆容哪！在下，姓謝名文欽，倕戴在山西太平村人氏，一生人無學麼个業藝，對這個賭博真有趣味。倕今晡日上街真毋利市，本錢輸利利，今也暗了愛歇坎店無錢，尋吾餔娘食飯較贏啊！

夫唱：【老腔平板】

　　一生（na）賭（a）博（a）都習慣（o），

　　日出〔倕愛〕賭（a）到（a）落西山（na）。

夫唸：【平板雜唸仔】

　　講著賭（a）徼〔个〕運勢行，〔倕斯〕場場賭〔該就〕場場贏，一場也識贏著〔就〕三百零。朋友再來湊，〔該就〕再過賭，o丶ho丿，堵著〔个〕運勢無，一下落場直直輸，三百零〔來〕輸淨淨，走轉去拿著一條烏毛褲，〔來〕當著三百錢，〔就〕毋甘願，愛倒轉去摎倕拼，無想走，又來輸淨淨，徼仔輸忒〔就〕望愛拼，〔个〕連頭並根〔來〕輸淨淨，〔个〕早知落場會輸徼，倕不如〔來〕莫賭〔斯〕有較贏（a）！

夫說：嘿！三步行兩步走，來到倕自家个屋門口，唉呀！做麼个東西門仔關等ha丿？來喊看仔！破病[3]！開門！

妻說：麼人喊門哪？

夫說：若老公回來也！

妻說：喔！恁樣係無？〔个〕倕〔就〕來開門哪！丈夫哩，你仰般恁暗？

2　賭博徼場：音 du丶 bog丶 gieu丶 cong˘，賭博場所。

3　破病：音 po piang，原指生病，這裡為對太太的貶稱。

夫說：麼个暗？恁樣正夠款僭⁴！

妻說：該你恁落力呀，毋知有食也盲食ho丶？

夫說：無錢，街路上麼人愛喊你食？

妻說：啊！丈夫，你个肚怕真飢，偓兜碗飯仔你充飢，好嗎？

夫說：恁賢慧个餔娘，哪有毋好！

妻說：好！偓就兜來哪！

妻唱：【老腔平板】

　　　丈夫〔就〕轉（na）來恁非禮（io），

　　　兜碗（na）飯（na）子（a）〔个〕你充飢（ia）；

　　　朝晨（na）出（o）門哪位〔來〕去（io）？

　　　從頭一（o）概講妻（na）知（ia）（a）！

夫說：肚真飢！偓食飽正講你知！這係麼个？仰會一碗禾稗⁵？

妻說：啊！丈夫，禾稗全乜真好食！

夫說：落嘴就澀鋸鋸⁶，喊你个老公仰般食？

妻說：唉！夫哇！你都知禾稗食毋得，每日專向賭博，田園聲事你都無愛耕作，你愛聽妻一言个解勸哪？

夫說：麵麵線線⁷，恁多麼个勸！偓無愛賭博就無麼个好變！

妻說：唉！苦哇！

妻唱：【老腔平板】

　　　丈夫〔就〕每（io）日（na）賭博行（o），

　　　田園〔就〕聲（a）事（ia）放佢（na）荒（a）；

夫說：偓會了錢請人做！

妻唱：【老腔平板】

　　　家內聲（a）事（a）妻會做（lio），

　　　外務（a）喊（o）妻（ia）仰般當（a）？

夫唱：【老腔平板】

4　款僭：音kuan丶 cam，像樣、像話。

5　禾稗：音vo˘ pai，稻田中的雜草，其形似水稻，會影響稻子的生長發育。

6　澀鋸鋸：音seb丶 gi gi，形容味道非常不甘滑。

7　麵麵線線：音mien mien xien xien，囉哩囉唆，嘮叨不停。

〔个〕〔喊妻〕餔（o）娘〔个〕無講妳盲知（io），

〔个〕賭儌較（a）贏（a）耕田做生理；

贏儌聲（a）事（a）請人做（a），

省使〔分妳餔娘〕（a）做到〔斯〕半生死（na）！

妻唱：【老腔平板】

看妳（na）盲係（ia）賭儌（na）命（o），

十擺（ia）去（o）賭（a）〔就〕無擺（na）贏（a）；

夫說：儌運盲到哩！

妻唱：【老腔平板】

賭儌〔就〕若（o）係（a）有好（na）日（lio），

田園聲（a）事（a）麼人耕（a）？

夫唱：【老腔平板】

〔个〕贏儌〔个〕錢銀（na）〔算來就〕異輕可[7]（lio），

〔个〕平土〔个〕聲（a）事（a）〔嶄然[8]〕艱苦做（na）；

命中有（a）時（ia）〔毋做〕乜會有（o），

命中〔都係〕無（a）時〔較蹶[9]妳〕也係無（na）！

妻唱：【老腔平板】

丈夫愛改（io）〔變〕（na）〔愛遽遽〕趕後生（o），

儌莫（a）賭（na）〔來〕耕田愛煞猛（na）（a）；

耕田（na）作（o）地（ia）正經个事業（lio），

賭博（a）人（a）講壞名（na）聲（a）！

夫唱：【老腔平板】

〔倕就〕偏（na）偏〔來〕愛賭田毋耕（o），

人生算來都半賭半生成（na）；

〔該〕命中有（o）時（a）〔毋做〕佢會有（o），

有時〔个〕輸（o）來（ia）有時〔也會〕贏（a）！

妻唱：【老腔平板】

---

8 異輕可：音i kiang╱ ko╲，蠻輕鬆。

9 嶄然：音zam╲ ienˇ，相當的。

10 蹶：音kied，本指攀登山峰，引申為努力、打拼。

丈夫〔你就〕盲（a）使〔摎偓〕展¹¹好命（lio），

妻子（ia）無講〔你也〕盲知（ia）驚（a）；

夫說：有麼个好驚？

妻唱：【老腔平板】

看盡〔來〕幾多（哇）良父子（lio），

好嫖好（a）賭〔家財〕了淨淨（na）（a）！

妻唸：【平板雜唸仔】

世間人也愛勤儉做，也愛〔就〕八字命，一家人食飽愛和捘，頭路愛認真做。毋好一儕〔來〕溜一個路。做生理愛認主顧，學手藝愛來拜師傅。耕田愛工夫，莫來潦潦草草，耕到田園〔來〕變草埔。論起〔該〕賭徼〔來〕賭得真，會剮人个公平肚，哪時分人去剮大豬，賭到變衫又變褲，衫褲拿來當淨淨。夫啊！你想知苦〔就〕盲知（na）苦（ua）（a）？

夫唸：【平板雜唸仔】

生來本係賭徼命，有時會輸有時〔就〕也會贏，賭徼輸贏算來係兵家个常事。一心愛賭〔偓就〕毋使驚，妳這個婦人家，崭然〔來〕毋知足，偓也識贏錢拿轉屋分妳去〔來〕割豬肉，妳敢怕食忒飽，怕忒享福，食到肉艷艷¹²，想愛草蟒撩雞公，□□啄，〔該〕心火起來打離緣¹³，〔就〕離出屋，〔該就〕身家輸忒，對妳伏（na）伏（na）！

妻唸：【平板雜唸仔】

你愛離偓毋離，偓也無歡喜，可惜你个五條罪，你可知死抑係盲知死？

夫唸：【平板雜唸仔】

欸嘿！偓來請問妳，〔个〕賭徼人犯著賭博案中个一條罪，仰般五條罪？妳愛講偓知，講得有道理，自然會服從妳；講係無道理，ng丶 m丶 ng s lat sat丶〔偓就〕將妳打到半生死，〔偓就〕一定〔就〕無〔來〕輕放妳（ia）！

妻唱：【老腔平板】

丈夫〔你就〕盲使（a）〔來〕來受氣（io），

妻子盲講（a）〔你正〕盲知死（na）！

---

11 展：音 dien丶，炫燿。

12 肉艷艷：音 ngiug丶 iam iam，原指身體肥胖多肉而肌肉鬆軟，引申為生活富裕，衣食無缺。

13 離緣：音 liˇ ienˇ，離婚。

妻唸：【平板雜唸仔】

第一罪〔俺就〕講你知，世間人傳下个子孫望佢一代傳一代，會做個正經事業，大振家聲光門楣，祖上死在陰地也歡喜，總講起世間人傳下个〔俺就〕子孫愛望一代傳一代。

第二罪再講起該財產，傳下〔就該〕田園，子孫好嫖賭，拿來了忒去，洩了祖公个面皮，失了身家。

第三罪〔俺就〕講起，□□教佢循規並蹈矩，若係非為〔來〕亂作，有樣看，有好比，家中〔就〕斷了食，自家不正己，用麼个方法〔來〕教子（na）兒？

第四罪〔俺就〕過講起，賭徼人不顧妻，每日〔來〕□□下溜溜去，堵著〔就〕好舖娘會摎你顧家矩，你敢離，甘願獨自〔來〕守孤栖；堵著〔就〕壞舖娘，粉仔〔就〕擦白白，你走東來〔就〕佢走西，毋堵好做出个醜陋事[14]，男人豪光[15]分佢掃忒（na）（li）！

第五罪講你知，賭徼个錢銀，贏係礱糠輸係米。若係輸，起徼品，毋怕生來毋怕死，毋係相打就相剮，弱者分人〔來〕打死，錢銀將他〔來〕搶去，雙手官廳〔來〕捉去搣落囹，受慘悽，受盡狗蝨、蚊子並蟮蟬！輕罪來問〔就〕免得死，重罪來問〔就〕命代佢，自古一報還一報，〔該〕冤冤相報無差池。有道理講你，愛剮（哪）愛（ia）割（ia），夫啊！〔俺該就〕由在你（ia）！

夫唸：【平板雜唸仔】

啊！聽你講出个數言語，真真會〔就〕係我賢妻，害俺連起三陣个雞嬤皮[16]。

講个言語條條〔斯〕有道理，〔个〕從今以後愛立志，〔該〕賭博場中〔就〕無

圖18：《賢女勸夫》劇照：丑，黃鳳珍（左）、旦，江彥瑮（右）。引自行政院客委會《精緻客家大戲/採茶小戲》。

14 醜陋事：音cuˋ lau sii，指紅杏出牆等敗壞名節的事情。

15 豪光：音hauˇ gongˊ、hoˇ gongˊ，原指強烈的光芒，引申為面子。

16 雞嬤皮：音gieˊmaˇpiˇ，雞疙瘩。

愛去，收心愛正己來愛教子兒。偲俚公婆團圓〔就〕來相好，〔个〕雙竹愛透尾
（ia），宣傳〔來〕全球大家知（na）！

【唱本終】

附錄1
標音體例

　　本論文標音以臺灣客語拼方案的四縣腔為主。為了讓讀者對臺灣客語次方言，如四縣、海陸、大埔、饒平、詔安之聲、韻、調有更清晰的了解，茲將〈臺灣客家語拼音方案〉[1]引錄於後：

表一：客家語聲母、韻母對照表

客家語拼音					注音符號	例字		
四縣	海陸	大埔	饒平	詔安				
b	b	b	b	b	ㄅ	-a巴霸	-i埤比	-u日甫補
p	p	p	p	p	ㄆ	-a划怕	-i被備	-u舖部
m	m	m	m	m	ㄇ	-a馬麻	-i迷米	-u模墓
f	f	f	f	f	ㄈ	-a花化	-i/ui-非	-u夫胡
v	v	v	v	v（*bb）	万	-ong黃旺	-i/ui-畏	-u烏舞
d	d	d	d	d	ㄉ	-a打	-i知抵	-u都肚
t	t	t	t	t	ㄊ	-a他	-i第提	-u土途
n	n	n	n	n	ㄋ	-a拿那	-i尼宜	-u奴努
l	l	l	l	l	ㄌ	-a拉罅	-i里梨	-u鹵路
g	g	g	g	g	ㄍ	-a加價	-i居己	-u姑古
k	k	k	k	k	ㄎ	-a卡	-i企其	-u枯庫
ng	ng	ng	ng	ng	π	-a牙雅	-i議汝	-oi外呆
*ngi	*ngi	*ngi	*ngi	*ngi	π丨	-a惹	-u牛扭	-ab業
h	h	h	h	h	ㄏ	-a哈嗄	-i希許	-o耗好
j					ㄐ	-ia借嗟	-iu酒	-iab接
	zi	zi	zi	zi	ㄗ丨	-ia借嗟	-u酒	-ab接
q					ㄑ	-ia謝斜	-iu秋	-iab妾捷

1　引錄自黃玉振：《客語能力認證基本詞彙-中級、中高級暨語料選粹（上冊、四縣腔）》（臺北市：行政院客家委員會，2009年7月）頁14-17編輯說明。其原始資料出處是教育部國語推行委員會之「臺灣客家語拼音方案」。

ci	ci	ci	ci		ㄘ丨	-ia謝斜	-u秋	-ab姜捷
x					ㄒ丨	-ia斜寫	-iu修	-iab洩
	si	si	si	si	ㄙ丨	-a斜寫	-u修	-ab洩
	zh	zh	zh	zh	ㄓ	-a遮者	-i紙製	-iu周晝
	ch	ch	ch	ch	ㄔ	-a車扯	-i癡齒	-iu抽臭
	sh	sh	sh	sh	ㄕ	-a舍蛇	-i屍時	-iu收手
	rh	rh	rh	rh	ㄖ	-a野也	-i衣椅	-iu有油
z	z	z	z	z	ㄗ	-a楂詐	-o糟	-u租祖
c	c	c	c	c	ㄘ	-a差查	-o坐	-u粗楚
s	s	s	s	s	ㄙ	-a砂儕	-o蓑	-u蘇素
						-an恁	-en恩	-on安
				*nn		iau-么	pi鼻	kai-揹
ii	ii	ii	ii	*ii		z-資子	c-次詞	s-私士
i	i	i	i	i	丨	d-知啼	g-居佢	k-企其
e	e	e	e	e	ㄝ	m-姆	h-係	s-細
				*ee		n-n黏乳	l-u廖料	t-u跳挑
a	a	a	a	a	ㄚ	b-爸把	m-媽罵	d-打
o	o	o	o	o（*oo）	ㄛ	g-哥高	s-嫂掃	d-多倒
u	u	u	u	u	ㄨ	d-都肚	t-涂度	f-呼腐
ie	ie	ie	ie	ie	丨ㄝ	g-計解	k-契乞	ng-蟻艾
eu	eu	eu	eu	eu	ㄝㄨ	Ø-歐漚	d-斗鬥	h-侯候
ieu	ieu	ieu	ieu	ieu	丨ㄝㄨ	g-鉤溝	k-籃扣	ng-偶藕
ia	ia	ia	ia	ia	丨ㄚ	d-蹀	p-狹	ng-惹
ua	ua	ua	ua	ua	ㄨㄚ	g-瓜掛	k-誇	*ng-瓦
ai	ai	ai	ai	ai	ㄞ	z-災債	c-採猜	s-曬徙
uai	uai	uai	uai	uai	ㄨㄞ	g-乖怪	k-快	
au	au	au	au	au	ㄠ	b-包豹	p-跑刨	m-矛貌
iau	iau	iau	iau	iau	丨ㄠ	Ø-枵	h-曉	g-攪
io	io	io	io	io	丨ㄛ	k-瘸	ng-揉	h-靴
oi	oi	oi	oi	oi	ㄛ丨	b-背	p-賠	m-妹
ioi	ioi	ioi			丨ㄛ丨	c-脆（海）	k-瘰（四、大）	
iu	iu	iu	iu	iu	丨ㄨ	d-丟	l-流柳	g-久救
ui	ui	ui	ui	ui	ㄨ丨	g-鬼貴	d-追	l-纇雷
iui						Ø睿銳		
ue	ue	ue	ue	ue		k-□		
iim					（　）ㄇ	z-斟枕	c-深沉	s-沈甚

im	im	im	im	im	ㄧㄇ	g-金	k-欽	h-歆
em	em	em	em	em	ㄝㄇ	z-砧	c-岑	s-森蔘
*iem	*iem	*iem	*iem	*iem	ㄧㄝㄇ	g-□	k-□	h-□
am	am	am	am	am	ㄚㄇ	f-范凡	d-擔膽	l-藍覽
iam	iam	iam	iam	iam	（　）ㄚㄇ	g-兼劍	k-欠謙	ng-驗嚴
iin					（　）ㄇ	z-真蒸	c-秤稱	s-勝神
in	in	in	in	in	ㄧㄣ	b-兵併	g-斤緊	ng-人認
en	en	en	en	en	ㄝㄣ	Ø-恩應	z-曾贈	d-丁等
*ien	*ien	*ien	*ien	*ien	ㄧㄢ	b-編扁	g-見捐	ng-願原
uen	uen	uen	uen	uen	ㄨㄝㄣ	k-耿		
an	an	an	an	an	ㄢ	b-班半	d-單旦	z-贊盞
uan	uan	uan	uan	uan	ㄨㄢ	g-關慣	k-款環	ng-頑玩
on	on	on	on	on	ㄛㄣ	Ø-安鞍	g-乾干	d-端短
ion	ion	ion	ion	ion	ㄧㄛㄣ	q/c-吮全		
un	un	un	un	un	ㄨㄣ	b-本	t-屯吞	z-俊
iun	iun	iun	iun	iun	ㄧㄨㄣ	g-君僅	k-裙近	ng-靭
ang	ang	ang	ang	ang	ㄤ	Ø-盎	m-猛莽	g-耕庚
iang	iang	iang	iang	iang	ㄧㄤ	p-平病	g-驚鏡	l-領
uang	uang	uang	uang	uang	ㄨㄤ	g-桄		
ong	ong	ong	ong	ong	ㄛㄥ	b-榜幫	d-當擋	l-狼浪
iong	iong	iong	iong	iong	ㄧㄛㄥ	b-枋放	t-暢	ng-讓娘
ung	ung	ung	ung	ung	ㄨㄥ	p-蜂	d-東董	s-雙送
iung	iung	iung	iung	iung	ㄧㄨㄥ	龍壟	芎拱	共
	er		er		ㄜ	仔		
iib	iib	iib	iib	iib	（　）ㄅ	汁執	濕十	
ib	ib	ib	ib	ib	ㄧㄅ	立	急	及
eb	eb	eb	eb	eb	ㄝㄅ	□	□	澀嗇
ieb	ieb	ieb	ieb	ieb	ㄧㄝㄅ	□	□	
ab	ab	ab	ab	ab	ㄚㄅ	答搭	塔踏	合盒
iab	iab	iab	iab	iab	ㄧㄚㄅ	帖墊	粒獵	挾劫
iid					（　）ㄉ	質職	直姪	食失
id	id	id	id	id	ㄧㄉ	筆必	力栗	特敵
ed	ed	ed	ed	ed	ㄝㄉ	北逼	德得	則仄
*ied	*ied	*ied	*ied	*ied	ㄧㄝㄉ	鱉	結蕨	熱月
ued	ued	ued	ued	ued	ㄨㄝㄉ	嘓		
ad	ad	ad	ad	ad	ㄚㄉ	抹襪	達撻	辣

uad	uad	uad	uad	uad	ㄨㄚㄅ	刮括		
od	od	od	od	od	ㄛㄅ	割葛	脫奪	捋
iod	iod	iod	iod	iod	ㄧㄛㄅ	j/z-		
嘬								
ud	ud	ud	ud	ud	ㄨㄅ	不	佛	沒歿
iud	iud	iud	iud	iud	ㄧㄨㄅ	屈		
ag	ag	ag	ag	ag	ㄚㄍ	伯	羅	隔
iag	iag	iag	iag	iag	ㄧㄚㄍ	壁	遽	屐
uag	uag	uag	uag	uag	ㄨㄚㄍ	□	□	
og	og	og	og	og	ㄛㄍ	惡	博駁	各角
iog	iog	iog	iog	iog	ㄧㄛㄍ	縛	略掠	弱
ug	ug	ug	ug	ug	ㄨㄍ	卜	篤督	谷穀
iug	iug	iug	iug	iug	ㄧㄨㄛㄍ	陸綠	局菊	肉玉

*bb為有聲雙唇塞音，可用於詔安腔。

*ngi實際讀音是〔ŋ〕

*ii在部分詔安腔讀為u

*ngie在詔安腔讀為ngi

*□表示有音無字。

*ien在部分南部四縣腔，會因聲母不同而導致實際讀音接近ian。

*ied在部分南部四縣腔，會因聲母不同而導致實際讀音接近iad。

*ngua四縣腔無此音。

*詔安腔之「ee」實際讀音是〔ɛ〕。

*詔安腔之「o」實際音讀為〔o〕；「oo」實際音讀為〔ɔ〕。

*詔安腔鼻化元音如「inn、ann、iann」，皆在元音後加「nn」，例：鼻（pinn）。

表二：成音節輔音表

客家語拼音					注音符號	例字
四縣	海陸	大埔	饒平	詔安	ㄇ	毋
					ㄋ	嗯
					π	魚、五

註：詔安腔「魚、五」二字讀為「m」。

表三：成音節輔音表

腔調 ＼ 調類	陰平		陽平	上聲	陰去	陽去	陰入	陽入
例字	夫		扶	府	富	護	福	服
記憶口訣	雞		啼	早	去	賺	八	十
四縣	vˊ24	v＋33（註5.1）	vˇ11	vˋ31（註5.2）	v55		vdˋ2	vd5
海陸	vˋ53		v55	vˊ24	vˇ11	v＋33	vd5	vdˋ2
大埔	v＋33		vˊ35（註5.3）	vˇ113	v31	vˋ53	vd21	vdˋ54
饒平	vˇ11		v55	vˋ53（註5.5）	vˊ24	vdˋ2	vd5	
詔安	vˇ11		vˋ53	v31（註5.6）	v55	vdˊ24（註5.7）	vdˋ43（註5.8）	

註：

1. 聲調統一採右上標（客家hagˋgaˊ）。[2]

2. 上聲調不分陰陽，古陽上調已歸併到去聲調。

3. v（rime）：表韻；右邊表示聲調；vd表示入聲韻；阿拉伯數字如24、53表示調值。

4. 未有調號者以空白表示（表示高平調55及高促調5）。

5. 特殊聲調：

5.1 南部部分地區四縣腔之陰平調（如美濃），調值為33，以「＋」表示。

5.2 四縣腔上聲為唯一下降調，故採用「ˋ」表示，但實際調值31與海陸腔等53調之調值不同。

5.3 大埔腔陰平聲單字調另有超陰平調，調值為35，以「ˊ」表示。

5.4 饒平腔有些地區（如卓蘭）的陽平、上聲及去聲，分別為「vˋ53」、「v31」、「v55」；另有超陰入調，其調值為24，以「ˊ」表示。六家地區之去聲，其調值為「v55」。

5.5 饒平腔之陰去聲併入上聲。

5.6 詔安腔之陰去聲併入上聲。

5.7 詔安腔g韻尾消失之陰入字，其調值與一般陰入調有別，為接近舒聲韻的24調，以「ˊ」表示。

5.8 詔安腔g韻尾消失之陽入字，其調值歸併到陽去調。

---

2 為了方便起見，本論文一律不用上標。

文化生活叢書·藝文采風　1306001

大家來唱勸世文（客家研究）

作　　　者	楊寶蓮	
審　　　訂	古國順	
責任編輯	吳家嘉	

發 行 人	陳滿銘
總 經 理	梁錦興
總 編 輯	陳滿銘
副總編輯	張晏瑞
編 輯 所	萬卷樓圖書股份有限公司
排　　版	浩瀚電腦排版股份有限公司
印　　刷	百通科技股份有限公司
封面設計	耶麗米工作室

發　　　行	萬卷樓圖書股份有限公司
	地址　臺北市羅斯福路二段 41 號 6 樓之 3
	電話　(02)23216565
	傳真　(02)23218698
	電郵　SERVICE@WANJUAN.COM.TW
大陸經銷	廈門外圖臺灣書店有限公司
	電郵　JKB188@188.COM

ISBN 978-957-739-719-5

2015 年 10 月初版二刷

2011 年 10 月初版

定價：新臺幣 300 元

如何購買本書：

1. 劃撥購書，請透過以下郵政劃撥帳號：
   帳號：15624015
   戶名：萬卷樓圖書股份有限公司
2. 轉帳購書，請透過以下帳戶
   合作金庫銀行　古亭分行
   戶名：萬卷樓圖書股份有限公司
   帳號：0877717092596
3. 網路購書，請透過萬卷樓網站
   網址　WWW.WANJUAN.COM.TW

大量購書，請直接聯繫我們，將有專人為
您服務。客服：(02)23216565 分機 10

如有缺頁、破損或裝訂錯誤，請寄回更換

國家圖書館出版品預行編目資料

大家來唱勸世文（客家研究）/ 楊寶蓮著,古國
順審訂.
 -- 初版.-- 臺北市：萬卷樓, 2011.09
　面 ;　　公分.
ISBN 978-957-739-719-5(平裝)
1.勸善
192.9　　　　　　　　　　　　　100016900